Till Mansmann
Roland von Hunnius
Birgit Grüner
Frank Sürmann

Aus freiheitlicher Perspektive

Ansichten und Einsichten von Bergsträßer Liberalen

© Till Mansmann, Roland von Hunnius, Birgit Grüner, Frank Sürmann

Aus freiheitlicher Perspektive
Ansichten und Einsichten von Bergsträßer Liberalen

1. Auflage August 2018
Layout und Realisierung: Jochen Fröhlich, jfroehlich@geiersberg.de
Herstellung und Verlag: Books on Demand GmbH, Norderstedt
ISBN: 978-3-75286-851-7
Printed in Germany

Bibliografische Information der Deutschen Nationalbibliothek:
Die Deutsche Nationalbibliothek verzeichnet diese Publikation in der
Deutschen Nationalbiografie; detaillierte bibliografische Daten sind im
Internet über http://dnb.d-nb.de abrufbar.

Die Titelseite zeigt einen Teil der Freiheitsstatue
(„Liberty Enlightening the World"), die auf Liberty Island
im Hafen von New York steht. Bild: shutterstock.de.

„Ich behaupte nicht, dass alles in diesem Staat in Ordnung
sei. Das kann ein Demokrat gar nicht behaupten.

Eine Demokratie ist immer auf dem Weg zu sich selbst. Sie
ist nie fertig. Nur Staaten, in denen die Freiheit nicht viel
gilt, behaupten von sich, sie hätten das Klassenziel erreicht.
Nur Menschen, die von Freiheit nichts wissen, behaupten,
sie hätten ein Rezept, wie der ideale Staat zu verwirklichen
sei. Freiheit und unvollkommener Staat, das gehört
zusammen – ebenso wie der ideale Staat mit Unfreiheit
und Unmenschlichkeit zusammen geht. Die Demokratie ist
nicht zuletzt deshalb die beste Staatsform, weil sie sich ihre
eigenen Mängel eingesteht. Nur Mangelhaftes kann man
verbessern. Was sich selbst zum Ideal erklärt, muss sich
gegen jede Änderung zu Wehr setzen.

Die Mängel der Demokratie haben einen ganz einfachen
Grund: Der Mensch selbst ist ein mangelhaftes Wesen ...
Kritik ist das Lebenselixier der Demokratie ...“

Inhalt

Zum Geleit

„Wir wollen uns zusammenfinden als ein Gesinnungsverband, der sich gebunden fühlt durch ein ebenso einfaches wie verwegenes Wort, nämlich, es sind hier Menschen, Männer und Frauen zusammengekommen, die von dem und in dem Glauben an die Freiheit der Menschen leben." (Theodor Heuss)

Diese Worte aus der Rede des Parteivorsitzenden Heuss auf dem Gründungsparteitag der FDP 1948 in Heppenheim sind Programm. Heuss mahnte in seiner Rede an, sich für den Rechtsstaat und die Kräfte des freien Marktes einzusetzen und stellte den schöpferischen Menschen in den Vordergrund, der nur in Freiheit agieren kann.

Der Gründungsparteitag war ein „Gesamt-Vertretertag" der liberalen, demokratischen Parteien, der nicht von den Sowjets besetzten Landesteile.

Ein Jahr zuvor, am 17. März 1947, war ein gesamtdeutscher Gründungsversuch der „Demokratischen Partei Deutschlands" gescheitert. So traf man sich zur Gründung der „Freien Demokratischen Partei" am 11./12. Dezember in Heppenheim. Dieser Ort ist nicht zufällig gewählt. Heuss nahm deshalb in seiner Rede Bezug auf die Heppenheimer Versammlung vom 10. Oktober 1847. Liberale Politiker aus Süd- und Westdeutschland nahmen an diesem damals nicht ganz ungefährlichen Treffen teil und setzten mit ihrem Programm eine liberale Bewegung im Vorfeld der 1848er Revolution in Gang.

In diesem Jahr jährt sich der Gründungstag der „Freien Demokratischen Partei" zum siebzigsten Mal.
Das Leitmotiv des Gründungsparteitages war „Einheit in Freiheit".
In diesem kleinen Buch wollen wir auch an dieses so wichtige Ereignis erinnern.

Friedrich Schiller lässt den spanischen König Philipp in seinem „Don Carlos" sagen: „Der Mensch erträgt die Freiheit nicht."
Dem wollen wir mit unseren Beiträgen vehement widersprechen. Erziehung zur Mündigkeit als die Fähigkeit zum selbstverantworteten Gestalten, „Erziehung zum Konflikt und zur Toleranz – statt falscher Harmonielehre" (Liselotte Funcke) gehören zu den Voraussetzungen. Und vor allem gehört Mut dazu, sich die Freiheit, frei zu sein, zu nehmen.

Es heißt für uns nicht nur: Freiheit in Verantwortung. Vielmehr muss es auch heißen: Wir haben immer Verantwortung für die Freiheit.

Till Mansmann
Roland von Hunnius
Birgit Grüner
Frank Sürmann

Es ist keine Schande hinzufallen,
aber es ist eine Schande liegenzubleiben.

Theodor Heuss

Hinfallen erlaubt, Liegenbleiben nicht

Digitalisierung und die Chance zu neuer Flexibilität
Von Till Mansmann, MdB

Es ging den schlesischen Webern nicht gut, wirklich nicht, damals, 1844, als sie sich entschlossen, zu revoltieren. Es ist verständlich, dass sie in den neuen mechanischen Webstühlen, mit denen die Massenanfertigung von Stoff in guter Qualität möglich war, ein Teil ihres Problems sahen: Die Maschinen waren teuer, führten aber zu hoher Produktion – und ließen so die Preise sinken, mit denen die Handarbeit immer weniger konkurrieren konnte.

Bei allem Verständnis für die Anprangerung von Missständen in der industriellen Revolution: Die schnelle Entwicklung immer besserer Maschinen, der Beginn der industriellen Massenproduktion, war nicht aufzuhalten – und ein Aufhalten hätte auch die Lage nicht verbessert, im Gegenteil. Heute wissen wir: Maschinen haben unser Leben und unsere Arbeit nicht verschlechtert, sondern verbessert. Der technische Fortschritt der letzten Jahrzehnte hat uns sehr viel mehr Wohlstand gebracht als jede wirtschaftliche Umwälzung zuvor.

Nicht wenige Wissenschaftler, die sich mit der Entwicklung der Arbeit, mit technischem Fortschritt oder wirtschaftlichem Strukturwandel beschäftigen, gehen jedoch davon aus, dass uns jetzt wieder eine Revolution bevorsteht, die mit der industriellen Revolution vergleichbar ist: Die Digitalisierung hat unser Arbeits- und Privatleben schon stark beeinflusst, und die Veränderungen könnten noch viel größere Umwälzungen nach sich ziehen. Und natürlich ist das mit Problemen verbunden – das ist die negative Sichtweise. Positiv betrachtet liegen aber auch enorme Chancen für uns alle in den neuen Möglichkeiten, die Datenverarbeitung, elektronische Kommunikation und die massenweise Verfügbarkeit von Endgeräten bieten.

Veränderungen gestalten, nicht ablehnen

Die einen haben, wie die Weber 1844, Angst, ihre Arbeit und vertraute Strukturen zu verlieren. Andere sind hingegen überzeugt, dass das Leben von sehr vielen besser wird, wenn die staatliche Verwaltung effizienter und bürgerfreundlicher wird, indem viele Dienste rund um die Uhr von zu Hause aus in Anspruch genommen werden können, wenn immer speziellere Bedürfnisse zielgenau befriedigt und Wünsche passgenau bedient werden können.

Eine generelle Ablehnung, die Hoffnung, eine Art Maschinensturm könnte die Veränderungen aufhalten, erscheint vor diesem Hintergrund nicht nur unrealistisch, sondern grundfalsch: Klug ist es, sich den Herausforderungen zu stellen und die Veränderungen zu gestalten anstatt sie abzulehnen oder einfach über sich hereinbrechen zu lassen. Im Grunde gilt das Motto eines unserer Wahlplakate der letzten Bundestagswahl: „Manchmal muss ein ganzes Land vom 10er springen." In anderen Worten: Manchmal muss eine ganze Gesellschaft zum Unternehmer werden.

Kultur des Scheiterns

Gerade Deutschland, das als rohstoffarmes, aber ideenreiches Land dringend darauf angewiesen ist, im internationalen Wettbewerb in vielen Gebieten Innovationsführer zu sein und zu bleiben, muss sich politisch darauf einstellen. Das gilt insbesondere für Hessen, in Deutschland zentral gelegen und mit zahlreichen Wirtschaftszentren und Universitätsstandorten in vielen Bereichen vorne mit dabei.

Der Weg, den wir beschreiten, ist kein ausgetretener Pfad, keine befestigte Straße, keine gerade Schiene in die Zukunft, sondern geht durch unwegsames, unübersichtliches Gelände – gelegentliches Stolpern nicht ausgeschlossen. Deswegen brauchen wir gerade wegen der vielen Unwägbarkeiten auch eine Kultur des Strauchelns und Stolperns: Hinfallen ist erlaubt, nur Liegenbleiben nicht. Wir brauchen auch eine Kultur des Scheiterns, die es erlaubt, aus Fehlern zu lernen. Wer einmal eine Pleite erlebt hat, sollte nicht vernichtet, sondern gestärkt aus ihr hervorgehen. Nur so können wir sicherstellen, dass aus guten Ideen gute Unternehmen werden – und nicht gute Ideen bleiben, die nie umgesetzt werden. Nur so können wir gewährleisten, dass auch in einigen Jahren noch deutsche Unternehmen, deutsche Unternehmer weiter Arbeitsplätze schaffen, Produkte anbieten und damit auch das Steuersubstrat sichern können, das wir für unseren Sozialstaat, für unsere Zivilgesellschaft, für die Zukunft unserer Kinder brauchen.

Das heißt aber auch, bisher Gewohntes, vielleicht sogar Vertrautes immer neu zu hinterfragen. Für die Politik bedeutet das, gesetzliche Regelungen, die Auswirkungen auf unser Wirtschaften haben, immer neu darauf zu prüfen, ob sie den Anforderungen der Gegenwart und Zukunft noch genügen, ob sie nicht bremsend oder gar verhindernd wirken. Die Digitalisierung bietet vor allem die Chance zu ganz neuer Flexibilität – starre Vorschriften sind praktisch das Gegenteil davon. Das heißt nicht, auf Kontrolle zu verzichten – im Gegenteil: Intelligente Mechanismen müssen sicherstellen, dass unsere hohen rechtsstaatlichen Standards zum Beispiel im Schutz der Privat- und gar Intimsphäre weiter eingehalten werden können,

indem sie auf die neuen Kommunikationsformen und technische Möglichkeiten angewendet werden. Insofern bedeuten
wirtschaftliche Innovationen auch die Bereitschaft zu politischen Innovationen – die Gesetzgebung muss genauso intel-
ligent und fortschrittlich gedacht werden wie die Wirtschaft,
deren Regeln sie kontrollieren und deren Kraft sie entfalten
soll. Auch in den Ministerien und Parlamenten muss ein Grün-
dergeist herrschen und die Bereitschaft vorhanden sein, sich
auf neue Gedankenwelten einzustellen.

Bildungsstandards sicherstellen

Eine wesentliche Aufgabe kommt dabei den Bildungssys-
temen zu. Frontalunterricht vor Schiefertafeln ist sicherlich
nicht mehr die richtige Herangehensweise. Wir können auch
hier neue Wege beschreiten, neue Lernorte schaffen und die
Verzahnung von Bund und Ländern in diesen Fragen neu gestalten. Dabei geht es nicht darum, den Ländern die Hoheit
über die Bildungseinrichtungen zu entziehen, sondern in ganz
Deutschland, im geeinten Europa gewisse Standards sicherzu-
stellen und die Strukturen ausreichend in der Fläche zu finan-
zieren. Das starre Kooperationsverbot könnte ein Hindernis
darstellen, deswegen ist es gut, dass wir darüber diskutieren
– wobei wir wissen, dass die hauptsächliche Kompetenz in
Bildungsfragen in Deutschland in den Ländern liegt und wir
dieses Wissen weiter brauchen, um die Antworten auf die
Fragen zu finden, die Globalisierung, Digitalisierung und neue
Kommunikationswege aufwerfen. Wesentliches Augenmerk
sollten wir aus diesem Grunde auch darauf richten, ein noch
größeres Verständnis für wirtschaftliche Abläufe in unserer
Gesellschaft zu verankern. Gewollt und beschworen wird das
schon lange, passiert ist trotzdem wenig. Wirtschaft und Finanzen sind für viele Menschen noch immer ein Buch mit sie-

ben Siegeln. Das kommt nicht von ungefähr: Die Vermittlung dieser immer wichtiger werdenden Themen kommt in unseren Schulen viel zu kurz. Unsere Schüler können eine Gedichtanalyse in drei oder vier Fremdsprachen schreiben, kennen sich mit Verträgen oder Versicherungen aber nicht aus. Eine gute Vorbereitung auf das Leben ist das nicht. Auch an einer Steuererklärung würden viele Menschen später verzweifeln, könnten sie sich nicht auf die Hilfe eines Steuerberaters stützen. Unsere Unwissenheit und unsere weit verbreiteten Vorbehalte, sich mit solchen Themen intensiver auseinanderzusetzen, kosten jeden Einzelnen und unsere Gesellschaft viel Zeit und Geld.

Arbeitswelt im Wandel

Die Arbeitsweise in der digitalen Welt erfordert Flexibilität, weil sich Aufgaben und Abläufe stetig verändern. Ausbildung und Qualifikation müssen sich besser auf die Erfordernisse der Zukunft einstellen. Das bedeutet: Spezifische Fähigkeiten und Fertigkeiten werden immer wichtiger. Ein Mehr an Flexibilität darf dabei allerdings nicht zu Missbrauch führen. Zusammenarbeit, Teilhabe und Mitbestimmung erlangen eine neue, eine andere und wichtigere Bedeutung. Die Arbeit von morgen wird sich durch mehr Kreativität, Freiräume, Selbstverantwortung und dezentrales Arbeiten kennzeichnen. Unternehmen müssen sich darauf einstellen. Indem sie Führung auf Augenhöhe, flache Hierarchien und Kollaboration über Abteilungsgrenzen hinaus ermöglichen, werden sie ein Arbeitsumfeld schaffen, das die besten Mitarbeiter anziehen und binden kann. Alles das ist aber nicht zuletzt auch eine Frage der Infrastruktur: So wie die tollsten elektronischen Geräte nichts nützen, wenn man sie an kein Stromnetz hängen kann, so erreichen digitale Dienstleistungen kein Haus, das nicht an Datenleitungen angeschlossen ist. Infrastruktur ist natürlich weiterhin auch der Bau von Autobahnen, Schienen und Wasserstraßen, nun kommt aber die Breitbandverkabelung praktisch gleichbedeutend dazu. Sie kann sogar dabei helfen, die Probleme des Verkehrsaufkommens zu lösen, indem sie manche Fahrten unnötig macht oder die Verkehrsströme besser organisiert. Auch bedeutende Senkungen des Verbrauchs und damit einhergehend eine Verminderung des CO2-Ausstoßes werden dadurch möglich. Voraussetzung ist aber, dass die Gesellschaft die Herausforderungen annimmt: Digitalisierung muss eines der wichtigsten Themen der Politik werden, und davon darf kein Ressort verschont bleiben.

Marx oder Erhard?

Über Soziale Marktwirtschaft,
Gerechtigkeit und die Rolle des Staates
Von Roland von Hunnius

Die Frage „Marx oder Erhard?" wäre uns vor 25 Jahren geradezu absurd vorgekommen. Die Soziale Marktwirtschaft gehörte unangefochten zu den Spielregeln der Wirtschaft in unserem Land, war geradezu Staatsraison, auch wenn sie nicht ausdrücklich im Grundgesetz erwähnt wurde. Vom Grundsatz her wurde sie nicht ernsthaft in Frage gestellt. Diskussionsgegenstand waren allenfalls Art und Ausgestaltung der Marktwirtschaft sowie die Definition des Adjektivs „sozial". Das hat sich geändert, nicht nur bei den Postkommunisten von der Linken, sondern auch bei der SPD, beim überwiegenden Teil von Bündnis 90/Die Grünen und sogar bei Teilen des immer noch so genannten „bürgerlichen Lagers".

Nicht nur die SPD hat sich – noch als Opposition – das Thema „Gerechtigkeit" zu eigen gemacht und beantwortet es mit einem einzigen Wort: „mehr": mehr Transferleistungen, finanziert durch mehr Steuern und, wenn die nicht ausreichen, im Zweifel mehr Schulden. Der rhetorische Trick dabei ist, das Publikum glauben zu machen, dass jede/r vom Staat mehr Geld erhält, die Lasten dafür aber die „anderen" tragen, nämlich die „Reichen", die „Erben", die überbezahlten Manager, die Steuerhinterzieher und -vermeider. Dabei wird immer wieder Kritik am Wirtschaftssystem laut, das entweder als „kapitalistisch", „marktradikal" oder „neoliberal" eingestuft wird. Fragen wir uns: Wie gerecht ist die Marktwirtschaft – wie gerecht kann/ sollte sie sein?

Theodor Storm hat geschrieben: „Autorität wie Vertrauen werden durch nichts mehr erschüttert als durch das Gefühl, ungerecht behandelt zu werden". Auch 130 Jahre nach seinem Tod hat Storm recht, vielleicht mehr denn je. Autorität und Vertrauen sind erschüttert, weil immer mehr Menschen das Gefühl haben, ungerecht behandelt zu werden. Und dies, obwohl der deutsche Sozialstaat Jahr für Jahr Transferleistungen für über 700 Milliarden Euro erbringt. Anders als in den Wirtschaftswunderjahren boomender Konjunktur ist die Kritik an mangelnder Gerechtigkeit heute nicht mehr auf die ewig Unzufriedenen beschränkt, sondern erfasst weite Kreise der Gesellschaft. Und sie gilt nicht allein einzelnen als „ungerecht" empfundenen Institutionen, Behörden, Vorgesetzten oder Regelungen, sondern mehr und mehr der Marktwirtschaft insgesamt. Sind die Beschäftigten großer Konzerne, die um ihren Arbeitsplatz bangen, nicht Opfer des Marktes? Und: haben sie das „verdient", ist es gerecht?

„Markt" und „Marktwirtschaft" werden in der öffentlichen Debatte oft als das unkontrollierbare Walten fremder kapitalistischer, profitgieriger Mächte dargestellt. Es kann nicht schaden, beide Begriffe auf das zu reduzieren, wofür sie wirklich stehen und die politische Bewertung erst anschließend vorzunehmen. Was ist der „Markt" und wofür taugt er?

Zwei Wege

Ausgangspunkt, Zentrum und Ziel der Wirtschaft sind Menschen. Menschen haben Bedarfe – nach Essen, Gesundheit, Kleidung –, und Menschen haben individuelle Bedürfnisse – nach Geltung, Geselligkeit, sozialer Stellung, gutem Aussehen, beruflichem Fortkommen usw. Diese Nachfrage ist im Prinzip unbegrenzt. Begrenzt – also „knapp" – ist aber das zu deren Deckung zur Verfügung stehende Angebot an Sachgütern und Dienstleistungen. Die Frage lautet nun: Wie wird darüber entschieden, wer welche der knappen Güter erhält und wer nicht? Zwei prinzipiell unterschiedliche Wege kommen in Betracht:

◊ Erster Weg – der Staat entscheidet über die Güterzuteilung, entweder direkt oder – zum Beispiel über die Preisfestlegung – indirekt. Man spricht von „zentral geleiteter Wirtschaft" oder „Zentralverwaltungswirtschaft". Dieser Weg wurde – mit geringem Erfolg und letztlich der Konsequenz des Staatsbankrotts – in der DDR beschritten. Das Brot war aufgrund staatlicher Festlegung sehr billig – so billig, dass es als Hühnerfutter diente, weil Futtergetreide teurer als Brot war. Autos waren, trotz Uralt-Technik, extrem teuer, weil die Nachfrage die Angebotsmöglichkeiten bei Weitem übertraf. Trotzdem kam es zu Wartezeiten von vielen Jahren.

Trotz ausgefeilter Verfahren erwies sich, dass niemand in der Lage ist, im Voraus zu schätzen oder zu bestimmen, z.B. wie viel Paar Damenschuhe einer bestimmten Machart, Farbe und Größe im kommenden Jahr benötigt werden. Die Folge war: Da die Nachfrage nicht eingeschätzt werden konnte, das Angebot durch zentrale Planung aber fix war, passte sich das Kaufverhalten der Bürger dem jeweiligen Angebot an und führte zu immer neuen Planungsfehlern. Sobald ein besonders rares Produkt verfügbar war, setzte darauf ein Massenansturm zum Vorratsaufbau ein. Dann wurde die Produktionsmenge an die scheinbar große Nachfrage angepasst. Die Nachfrage war aber schon im Folgejahr nicht mehr so groß, weil die Bürger Vorräte angelegt hatten, und die Ware blieb auf staatlichen Lagern liegen. Dass in diesem starren System nicht auf Modewechsel, technischen Fortschritt und sich ändernde Lebensgewohnheiten Rücksicht genommen werden konnte, versteht sich. Marktanreize für Produktivitätssteigerungen und Innovationen gab es nicht; denn es existierte kein Markt. In der Bevölkerung gab es – mit Ausnahme einiger Funktionäre oder Vertreter staatlich besonders geförderter Berufsgruppen – keine großen Einkommens- und Vermögensunterschiede. „Gleichheit" war weitgehend erreicht, aber auf geringstem Niveau und zu Lasten der Bedarfs- und Bedürfnisdeckung. Die Gleichheit in der DDR war eine „Gleichheit mit leeren Taschen".

◊ Wird der zweite Weg beschritten, entscheidet sich die Güterversorgung am „Markt". Wir sprechen von einer „freien Verkehrswirtschaft" oder „Marktwirtschaft". Der Markt ist nichts anderes als das ökonomische Beziehungsgeflecht zwischen Anbietern und Nachfragern eines bestimmten Gutes. Was sich im Kleinen auf dem Wochenmarkt abspielt, geschieht im Großen in der Volks- und Weltwirtschaft. Anbieter konkurrieren miteinander um die Gunst des Kunden, der die Wahl zwischen Angeboten und Anbietern. hat. Die Mengensteuerung erfolgt über den Preis als Indikator der Knappheit. Marktanreiz zu größerer Produktivität, besserer Qualität und Innovation ist der Wettbewerb. Dazu gehört die „schöpferische Zerstörung" (Schumpeter). Sie vertreibt Verlierer-Produkte und Verlierer-Unternehmen vom Markt und öffnet den Markt für Fortschritt und überlegene Leistung. Sie muss ebenso zugelassen werden, wie der Wettbewerb zu ermöglichen und zu fördern ist. Sonst kann Marktwirtschaft nicht funktionieren. Die Rolle des Staates ist es nicht, die schöpferische Zerstörung zu verhindern oder zu verzögern, sondern deren leider unausbleibliche soziale Auswirkungen abzufedern.

In der Marktwirtschaft unterliegen Bedarfe und Bedürfnisse prinzipiell nicht der moralischen Beurteilung durch Politik oder Staat. Jeder hat das Recht, im Rahmen des Möglichen und Zulässigen danach zu streben, sich seine spezifischen Wünsche zu erfüllen, also – wie es Friedrich der Große formulieren würde – „nach seiner Fasson selig zu werden". Die Frage „Braucht das Land wirklich einen Porsche Panamera?" ist verständlich – aber sie ist nicht legitim. Wenn dieses Auto angeboten wird und Menschen meinen, es haben zu sollen, darf ihnen niemand das Recht nehmen, es zu erwerben. Wie andere Verbraucher vielleicht Bio-Tomaten, Zigaretten, Nahrungsergänzungsmittel, Mineralwasser oder Solardächer kaufen. Der Staat hat nicht Produkte zu verbieten, muss aber seine Bürger vor schädlichen Auswirkungen schützen – etwa durch Schadstoffauflagen, Verbraucherschutz, Ernährungsaufklärung.

Marktwirtschaft und Gerechtigkeit

Dieser zweite – der marktwirtschaftliche – Weg hat entscheidend zum relativen Wohlstand der westdeutschen Bevölkerung beigetragen. Die Freiheit für Verbraucher, zu konsumieren, was sie wollen, und für Unternehmer, zu investieren, wo sie wollen, wird gesteuert durch Preise, individuelle Präferenzen und Erwartungen. Die Entwicklung wird durch die Nachfrage getrieben, setzt Wettbewerb voraus und führt zur Selektion der Besten. Anders ausgedrückt: Es gibt am Markt Gewinner und Verlierer. Mit allen Konsequenzen für Unternehmer und Beschäftigte. Marktwirtschaft lebt auch davon, dass Unternehmen scheitern, dass Produkte und ganze Branchen sterben. Nur so sind Innovation und Modernisierung möglich. Zugleich gilt: Die Marktwirtschaft lebt von dem Anreiz, durch besondere Leistung mehr Einkommen zu erreichen und mehr Vermögen anzuhäufen. Dies führt fast automatisch zu einer gewissen Spreizung in der Einkommens- und Vermögensverteilung.

Ist es gerechter, wenn – wie früher in der DDR – ohne Rücksicht auf individuelle Leistung Gleichheit auf geringem Niveau besteht, oder wenn Mehrleistung und Markterfolg mit höherem Einkommen belohnt werden, dafür aber die Kluft zwischen „Arm" und „Reich" tiefer ist?

Diese Frage kann nur jeder für sich beantworten. Gerechtigkeit in einem demokratischen Rechtsstaat heißt Ge-recht-ig-keit. Sie ist gegeben, wenn das normierte Recht demokratisch zustande kommt, sich in die vom Grundgesetz angeführte Normenhierarchie einfügt und wenn es in gleicher Weise und ohne Einschränkungen für alle gilt. Der eine leitet sein Rechtsverständnis aus der Bibel ab, der andere aus seinem Gewissen oder von philosophischen Einsichten. Verbindlich ist aber allein, was vom Volk mit Mehrheit, in unserem Fall, parlamentarisch, als Recht und gerecht beschlossen wird.

Die Marktwirtschaft ist grundsätzlich weder gerecht noch ungerecht. Sie ist die demokratischste, freieste, effizienteste und effektivste Methode des Interessenausgleichs zwischen Nachfragern und Anbietern. Sie muss indessen einerseits gegen Missbrauch – etwa in Gestalt von Kartellabsprachen, Wettbewerbsverzerrungen oder Monopolen – gesichert werden. Andererseits ist sie in einen Rechtsrahmen einzubetten, der sich an der gesellschaftlich herrschenden Auffassung dessen ausrichtet, was für gerecht gehalten wird. Das ist nichts wirklich Neues. Das Marktgeschehen wird mit einer Fülle von Gesetzen und Verordnungen geregelt. Wettbewerbs-, Arbeits-, Sozial- und Umweltrecht sollen dazu führen, dass einerseits der Wettbewerb funktioniert, andererseits sozial- oder umweltpolitisch unerwünschte Nebenwirkungen des Wirtschaftsprozesses vermieden werden.

Staatliche Intervention

Die Gerechtigkeitsfrage, die sich in unserer real existierenden Marktwirtschaft stellt, lautet längst nicht mehr: Sollen wir den Markt zur Vermeidung von Fehlentwicklungen regulieren? – das geschieht bereits seit siebzig Jahren. Sondern sie lautet: Wie viel staatliche Intervention können wir uns leisten, ohne die Wachstumskräfte des Marktes zu zerstören und bei der DDR-Gleichheit der Habenichts zu enden? Auch die „soziale" Marktwirtschaft muss noch eine Marktwirtschaft bleiben. Sonst drohen der wirtschaftliche Niedergang unseres Landes und in der Konsequenz eines Tages Massenarmut.

Immer weiter breitet sich die Auffassung aus, „der Staat" verhalte sich grundsätzlich moralischer oder nehme seine soziale Verpflichtung ernster als Private. Fakt ist aber leider, dass der Staat als Unternehmer immer wieder kläglich versagt, weil politisch bedingte Führungsfehler gemacht, Unternehmens-Schieflagen vertuscht, Anpassungsprozesse behindert, Entwicklungen verschlafen werden – teils aus Unfähigkeit des Führungspersonals, teils aus Angst vor Wählern und Wahlterminen. Die Quittung des Marktes bleibt nicht aus, nur: die Konsequenzen für die Betroffenen sind umso gravierender. Die deutschen Landesbanken von Berlin bis Bayern – mit der ruhmreichen Ausnahme der HELABA – sind beredter Beleg für diese These.

Friedrich Hölderlin hatte offenbar seherische Fähigkeiten, als er erkannte, dass der viel gepriesene Staat in Wahrheit keine Problemlösung ist:

„Immerhin hat das den Staat zur Hölle gemacht, dass ihn der Mensch zu seinem Himmel machen wollte."

Mehr und mehr Politiker überbieten sich in Kritik am Markt, sprechen von Marktradikalismus, werfen alles, was ihnen nicht passt, in eine Mülltonne mit der Aufschrift „neoliberal".

Die Diskussion geht auf die Nachkriegszeit zurück, als die CDU mit ihrem Ahlener Programm deutlich sozialistische Neigungen auslebte. Typisch für den damaligen Zeitgeist ist eine Formulierung in der Hessischen Verfassung aus dem Jahr 1946:

„Die Wirtschaft des Landes hat die Aufgabe, dem Wohle des ganzen Volkes und der Befriedigung seines Bedarfs zu dienen. Zu diesem Zweck hat das Gesetz die Maßnahmen anzuordnen, die erforderlich sind, um die Erzeugung, Herstellung und Verteilung sinnvoll zu lenken und jedermann einen gerechten Anteil an dem wirtschaftlichen Ergebnis aller Arbeit zu sichern und ihn vor Ausbeutung zu schützen.“
(Art. 38 HV)

Da ist von Sozialer Marktwirtschaft keine Rede, sondern vom lenkenden und planenden Staat, der seine Bürger beschützt und behütet, indem er sie vor Ungerechtigkeit und Ausbeutung schützt.

Eigentum und Marktwirtschaft

Wenn im öffentlichen Diskurs von Eigentum die Rede ist, dann von seiner Sozialverpflichtung. Wenn von Marktwirtschaft die Rede ist, dann vom Versagen des Marktes und der Forderung, dass jeder, der überhaupt arbeitet, in der Lage sein muss, von seinem Einkommen eine Familie zu ernähren – egal, ob er bei McDonald's Frikadellen brät oder bei Opel einen neuen Antrieb entwickelt.

Wie plump die Gleichsetzung von Marktwirtschaft und Sozialchaos ist, beweist ein Zitat von Friedrich August von Hayek:

„... Der Liberalismus lehrt nicht, dass wir die Dinge sich selbst überlassen sollen. Er beruht auf der Überzeugung, dass dort, wo ein echter Leistungswettbewerb möglich ist, diese Methode der Wirtschaftssteuerung jeder anderen überlegen ist. Er leugnet nicht, sondern legt sogar besonderen Nachdruck darauf, dass ein sorgfältig durchdachter rechtlicher Rahmen die Vorbedingung für ein ersprießliches Funktionieren der Konkurrenz ist und dass sowohl die jetzigen wie die früheren Rechtsnormen von Vollkommenheit weit entfernt sind ... Er lehnt es jedoch ab, den Wettbewerb durch schlechtere Methoden der Ordnung des Wirtschaftens zu ersetzen." (F. A. v. Hayek, Der Weg zur Knechtschaft)

Alternativen?

Wer die Marktwirtschaft ablehnt, muss sagen, was er stattdessen will. Nach Ludwig von Mises ist Marktwirtschaft durch zwei Elemente gekennzeichnet: Sondereigentum an den Produktionsmitteln und Arbeitsteilung. Beides unterliegt den Gesetzen des Marktes – also des Beziehungsgeflechts zwischen Anbietern von Gütern und Nachfragern von Bedarfen.

Wenn die Information über Bedürfnisse und Bedarf einerseits, über das quantitative und qualitative Angebot andererseits nicht mehr über den Markt erfolgt und über den Preis als Knappheitsindikator koordiniert wird – wie dann?

Die Antwort lautet: durch staatliche Bürokratie. Die Alternative ist also:

Markt als wirtschaftliche Organisationsform der Freiheit (Konsum- und Investitionsfreiheit) oder Zwang.

Marktwirtschaft ist also nicht irgendeine abstruse menschenfeindliche Vorstellung, sondern d a s freiheitliche Ordnungsprinzip für die Wirtschaft, ohne das die Wirtschaft sich weder entfalten noch Mittelständler auf Dauer überleben können.

10 Antworten der Sozialen Marktwirtschaft

Soziale Marktwirtschaft gibt zufrieden stellende Antworten auf zehn Fragen:

1. Eine Frage der Freiheit: Sie gewährt Entscheidungsfreiheit für Unternehmen und Privathaushalte (Investitionsfreiheit, Konsumfreiheit, Berufsfreiheit ...). Marktwirtschaft ist die Entsprechung der Freiheit im Wirtschaftsleben.

2. Eine Frage des Eigentums: Bestand und Bildung von Privateigentum, insbesondere privatem Eigentum an den Produktionsmitteln ist konstitutiver Bestandteil der Marktwirtschaft. Dazu gehört ein klares „ja" zur Sozialbindung des Eigentums ebenso wie der Vorrang „privat vor Staat".

3. Eine Frage der Chancen: Dezentrale Investitions- und Konsumentscheidungen und funktionsfähiger Wettbewerb begünstigen die Chancengleichheit. Soweit sie in Gefahr ist, greift der Staat als ordnende Hand ein.

4. Eine Frage der Leistung: Marktwirtschaft belohnt Leistung über den Markt und „bestraft" Unternehmensversagen am Markt.

5. Eine Frage der Ressourcen: Marktwirtschaft und Wettbewerb führen tendenziell zu optimaler Faktorallokation. Ist diese nicht gegeben oder nicht erreichbar, tritt der Staat als Normengeber und Sanktionierer auf.

6. Eine Frage der Demokratie: Besser als in jeder politischen Wahl oder bei Befragungen gibt der Markt jedem Marktteilnehmer das gleiche Recht auf Verwirklichung seiner Wünsche und Umsetzung seiner Präferenzen.

7. Eine Frage der Effektivität: Keine Bürokratie der Welt kann den Produktionsprozess mit vergleichbar gutem Ergebnis steuern wie der Markt.

8. Eine Frage der Effizienz: Der Markt zwingt zur Produktivität und zum effizienten Mitteleinsatz. Lassen wir uns nicht davon beirren, dass immer mehr Menschen sich in der Nische staatsversorgter Unproduktivität wohlfühlen.

9. Eine Frage der Innovation: Planwirtschaft ist statisch, Marktwirtschaft ist ein Fortschrittsmotor.

10. Eine Frage der sozialen Gerechtigkeit: Marktwirtschaft ist sozialer als bürokratische Umverteilungssysteme. Der von Müller-Armack und Erhard gewählte Begriff „Soziale Marktwirtschaft" sollte keineswegs eine neue Art von Marktwirtschaft definieren. Sondern er sollte eine der Marktwirtschaft immanente Eigenschaft herausstellen. Erhard sagte dazu in einem Gespräch mit Hayek: „Ich hoffe, Sie missverstehen mich nicht, wenn ich von der sozialen Marktwirtschaft spreche. Ich meine, dass der Markt an sich sozial ist, nicht dass er sozial gemacht werden muss."

Reicht es aus, Marktwirtschaft zuzulassen, und alles ist ok?

Karl Marx' Sozialismus hat auf breiter Front versagt, nicht nur
ökonomisch, sondern auch politisch. Scheinbare Lichtgestal-
ten wie der verstorbene Hugo Chávez oder dessen Nachfolger
Nicolás Maduro in Venezuela haben sich als Unterdrücker ent-
puppt, die nicht das Wohl ihres Volkes im Blick haben, sondern
ihre eigene rücksichtslose Herrschaft zementieren wollen. Diese Beobachtung bedeutet aber nicht, dass Marktwirtschaft allein das Allheilmittel für Armutsbekämpfung und Wohlstand
wäre. Marktwirtschaft ist eine notwendige Bedingung für
Wohlstand und Wachstum, aber sie ist nicht hinreichend. Sie
tritt nicht an die Stelle von Politik, sondern ist auf Recht und
Gesetz gegründet und in ihrer Wirkung gesichert. Politik setzt
die Rahmenbedingungen und verhindert chaotischen Wild-
wuchs. Russland ist trotz eines auf den ersten Blick marktwirt-
schaftlichen Systems ein wirtschaftlicher Zwerg und schafft
keinen breiten Wohlstand – nicht wegen der Marktwirtschaft,
sondern weil der ordnungspolitische Rahmen eines Rechts-
staats mit unabhängiger Justiz, Kartellüberwachung und Fu-
sionskontrolle fehlt. So gibt es in Russland „Marktgewinnler"
– teilweise mit Milliarden-Vermögen –, aber keine wirkliche
Marktwirtschaft im Sinne von Walter Eucken.

Der Staat: aktiv, aber nicht interventionistisch

Zusammengefasst: Was ist die Rolle des Staates in der Marktwirtschaft?

Der Staat

◊ sorgt für Subsidiarität und Solidarität
◊ definiert den Rechtsrahmen wirtschaftlicher Tätigkeit
◊ sichert Chancengleichheit vor Diskriminierung und Privilegierung
◊ sichert das Privateigentum und dessen Sozialbindung
◊ sichert den funktionsfähigen Wettbewerb
◊ verhindert, bekämpft und bestraft wettbewerbswidriges Verhalten
◊ verhält sich aktiv, aber nicht interventionistisch
◊ setzt soweit wie möglich auf marktkonforme Mittel und Lenkung über den Preis
◊ verzichtet auf eigene wirtschaftliche Betätigung oder Beteiligungen, es sei denn, es gibt dafür einen überzeugenden Grund und klar festgelegten Zweck. Bei Weinbau, Hengstzucht, Autoproduktion und Geldwesen suche ich solche überzeugenden Gründe vergeblich.

„Marx" und alle Versuche, seine Lehre in praktische Politik um-
zusetzen, sind krachend gescheitert. Von der UdSSR über die
DDR und alle damaligen Satellitenstaaten bis zu Kambodscha,
Nordkorea, Venezuela und Kuba. Wo immer eine grundlegende
Verbesserung der Lebensverhältnisse eintritt, ist dies nicht auf
einen Abbau marktwirtschaftlicher Strukturen, sondern auf
deren Einführung oder Stärkung zurückzuführen. Der Durch-
marsch Chinas an die wirtschaftliche Spitzengruppe der Welt
ist ein Beleg für diese These. Leider sind die marktwirtschaft-
lichen Elemente in China nicht mit Freiheit und Demokratie
gekoppelt, sondern das Regime klammert sich noch immer an
sein überkommenes System der Einparteiherrschaft, Unter-
drückung und Rechtlosigkeit.

Erhards Bekennermut

Wir wissen, was geschehen müsste. Aus Angst vor dem Wähler
– oder aus Unvermögen, Sachverhalte zu erklären – verzichten
wir darauf und heulen mit den planwirtschaftlichen Wölfen.
Viel zu oft, trifft die Politik Entscheidungen, die zwar auf den
ersten Blick und nach Einschätzung breiter Bevölkerungskrei-
se „in die richtige Richtung" gehen – Mietpreisbremse zur Be-
kämpfung der Wohnungsnot, gesetzlicher Mindestlohn zum
Abbau von Niedrigstlöhnen, Begrenzung der Leiharbeit –, in
der Praxis aber nicht wirken oder sogar das Gegenteil dessen
zur Folge haben, was beabsichtigt war. Sie sind „prinzipiell
zieladäquat", aber nicht „real zieleffizient". Das politische Fehl-
verhalten hängt zum Teil mit einer erschreckenden Unkennt-
nis ökonomischer Zusammenhänge und Gesetzmäßigkeiten
zusammen, zum Teil jedoch ist es deren bewusste Leugnung
nach dem Motto, dass „nicht sein kann, was nicht sein darf".
Anders ausgedrückt: es handelt sich um kollektiven Selbstbe-
trug wider besseres Wissen.

Aus der Marktwirtschaft zu fliehen und mit interventionistischen Mitteln Scheinaktivität zu zeigen, ist der einfache, bequeme, „feige" Weg.

Erhards Entscheidung zu Gunsten der Währungsreform und der Sozialen Marktwirtschaft erfolgte gegen den damaligen „Zeitgeist" („Was ihr den Geist der Zeiten nennt, ist der Herren eigener Geist" – Goethe), CDU/CSU, die öffentliche Meinung und einen Teil der Besatzungsmächte. Die Entscheidung war mutig, aber sie war richtig. Wir brauchen wieder den Erhardschen Bekennermut, das als richtig Erkannte zu tun, statt immer wieder dem Reiz-Reaktions-Mechanismus zu folgen, der kurzfristig taktiert, um Aktion zu zeigen, dabei aber den Blick auf die Ordnung der Politik – die „Ordnungspolitik" – verliert. Bekennen wir uns wieder zu den Prinzipien von Ludwig Erhard – und setzen wir sie in der täglichen Praxis um! Das ist dann auch ein Stück „German Mut".

Der legitime Platz des Liberalen
ist zwischen allen Stühlen.
Es darf ihn nicht kümmern, wenn
er von allen Seiten beschimpft
wird. Wer stark genug ist, den
Vorwurf der Linken zu ertragen
und vor der Rechten nicht in die
Knie zu gehen, der kann auch der
Zukunft getrost entgegensehen
– selbst wenn der Liberalismus
immer wieder totgesagt wird.

(Marion Gräfin Dönhoff)

Von liberalen Frauen

Starke Frauen brauchen keine Quote
Von Birgit Grüner
Für H.

Wussten Sie schon, dass es auch im Mittelalter liberale Frauen gab? Sie waren als Unternehmerinnen tätig, hielten die Gesundheitsversorgung in den immer größer werdenden Städten aufrecht, erwarben Bildung und gaben Bildung weiter. Wer kennt sie heute noch, die Beginen?

Die Beginenbewegung nahm im 11./12. Jahrhundert ihren Anfang in den Niederlanden und Belgien. Sie breitete sich von Lüttich über Köln, Mainz, Worms, Aschaffenburg, Aachen, Koblenz, Wetzlar und Berlin – um nur einige Stationen der Bewegung im 12. Jahrhundert zu nennen – in ganz Deutschland aus. Im Jahr 1223 soll es allein in Köln 22 Beginenhöfe mit ca. 2000 Beginen gegeben haben.

Beginen waren ursprünglich eine Laiengemeinschaft von unverheirateten Frauen und Witwen. Sie waren Nonnen auf Zeit, die diese städtische Wohngemeinschaft ohne Ordensgelübde einer anderen Lebensform vorzogen.

Sie widersprachen in ihrer Lebensweise dem patriarchalen Denken jener Zeit. Das Gehorsamsgelübde galt auf Zeit und wurde jährlich erneuert. Wer wieder gehen wollte, konnte dies tun. Sie konnten heiraten, wenn sie das wollten. Man konnte aus der Gemeinschaft wieder austreten und in ein bürgerliches Leben zurückkehren.

Das eingebrachte Vermögen wurde bei Austritt zurückgegeben.

Wenn sie Witwen wurden, konnten sie mit ihren Kindern ins Beginenhaus zurückkehren. Wenn man so will, war es eine frühe Form eines Mehrgenerationenhauses für Frauen.

Sie lebten in einer Zwischenwelt von Ordensgemeinschaft und Laientum in Beginenhäusern und Beginenhöfen.

Beginen fanden eine pragmatische Lösung für die sozialen Probleme ihrer Zeit.

„Eine jede möge sich durch ihrer eigenen Hände Arbeit ernähren können", das war der Wahlspruch der Beginen.

Sie waren tätig im Textilgewerbe, im Bildungswesen, in der Krankenpflege und anderer gemeinnütziger Arbeit. So hatten Frauen schon im Mittelalter die Gelegenheit als Unternehmerinnen tätig zu sein. Manche Beginenhöfe waren wirtschaftlich so erfolgreich, dass sie Stadträten Geld liehen, damit die städtischen Kassen aufgefüllt werden konnten. Erlöse gingen in die Gemeinschaftskasse und in die Wohltätigkeit. Beginen waren sozusagen die Sozialarbeiterinnen des Mittelalters.

Die Führung einer Beginengemeinschaft oblag einer auf zwei Jahre demokratisch gewählten Magistra. Sie führte diese Wohn- und Wirtschaftsgemeinschaft, die ihre eigenen Regeln festlegte.

Mit dem unternehmerischen Talent, das die Beginen an den Tag legten, wurden sie für Zünfte und Klerus eine unangenehme Konkurrenz. Man ließ sie aber gewähren, da sie auch die Gesundheitsversorgung in den Städten gewährleisteten.

In dieser Zeit war es alles andere als selbstverständlich selbstbestimmt leben zu können. Beginen waren schon im Mittelalter so frei, diese ungewöhnliche Lebensform zu wählen.

Auch an der Bergstraße sind Beginenhäuser nachgewiesen. Das letzte Beginenhaus wurde in Bensheim in der Mitte des 19. Jahrhunderts geschlossen.

Der Magistrat der Stadt Bensheim hat mit einem Straßennamen an die Beginen erinnert.

Seit den 1980er Jahren besinnt man sich wieder auf diese 900 Jahre alte Tradition, da der demographische Wandel Fragen nach geeigneten Wohn- und Lebensformen aufwirft. Die heutigen „Beginenhöfe" sind als Wohn-, Kultur- und Begegnungsstätten konzipiert.

Beginen versuchten ein urliberales Prinzip zu leben: das der Selbstbestimmung, von Chancen auf Bildung und wirtschaftlicher Autonomie und verschafften sich so relativen Freiraum.

Die bürgerliche Frauenbewegung

Wagen wir einen weiteren Blick zurück in die Geschichte, zurück auf die bürgerlich-liberale Revolution von 1848. Von diesem Zeitpunkt an kann man von einem politisch in den Fraktionen der Paulskirche organisierten Liberalismus sprechen – als Partei erst 1861. Schon vorher wurde liberales Gedankengut diskutiert, in den Landtagen, Zeitungen, Publikationen wie auch in den bürgerlichen Salons. Der Salon war ein weiteres Forum des liberalen Gedankenaustauschs. Der Salon war die Domäne der Frau.

Die aus wohlhabendem Bürgertum stammende Louise Otto-Peters, 26. März 1819–13. März 1895, die „Lerche der 1848er Revolution", Gründerin des „Frauenbildungsvereins" in Leipzig, stellte die „Soziale Frage" in den Mittelpunkt ihres politischen Denkens und Wirkens. In einem offenen Brief an die frisch gegründete Arbeiterkommission schrieb sie: „Meine Herren – wenn Sie sich mit der großen Aufgabe unserer Zeit: mit der Organisation der Arbeit beschäftigen, so wollen sie nicht vergessen, dass es nicht genug ist, wenn Sie die Arbeit für Männer organisieren, sondern dass Sie dieselbe auch für die Frauen organisieren müssen. Und wenn alle an sie zu denken vergessen – ich werde es nicht vergessen."

Am 21. April 1849 erschien die erste Nummer der ersten Frauen-Zeitung von Louise Otto-Peters unter dem Motto: „Dem Reich der Freiheit werb' ich Bürgerinnen." Ihr Credo: „Die Freiheit ist unteilbar"!

Es bildete sich die sogenannte bürgerliche Gesellschaft, die Frauen aber aus wesentlichen Bereichen des Erwerbslebens ausschloss. Die Frauenbewegung sei eine „pädagogische Bewegung", so Helene Lange. Es galt den Zugang zu Bildungseinrichtungen zu schaffen, die bisher nur Männern vorbehalten war.

Helene Lange, geboren am 9. April 1848, gehörte zu den wichtigsten Protagonistinnen der bürgerlichen Frauenbewegung, deren Richtung sie weitgehend prägte.

Sie selbst war Lehrerin und baute ein Lehrerinnenseminar mit auf. Sie kritisierte, dass die Inhalte des Lehrplans darauf zugeschnitten waren, Mädchen auf ein Leben im Schatten des Ehemannes vorzubereiten. Auch stand das Problem der unversorgten Töchter im Raum. Es gab zwar schon 1717 katholische Töchterinstitute der Englischen Fräulein, aber die städtischen höhere Töchterschulen entwickelten sich erst im 19. Jahrhundert. Um „höhere Töchter" in Arbeit zu bringen, mussten die Lehrinhalte reformiert werden und den Anforderungen angepasst werden, die ein Beruf an die Frauen stellte. Helene Lange war es, die diese Inhalte anpasste.

Die Reform des höheren Mädchenschulwesens stand unter einem scheinbar guten Stern. Kaiser Friedrich III. galt als liberaler Kaiser und seine Ehegattin hatte Kontakte zur liberalen Frauenbewegung. Am 9.1.1888 reichten sechs Frauen eine Petition an das Unterrichtsministerium und an das Preußische Abgeordnetenhaus ein mit dem Inhalt, Frauen den Zugang zu wissenschaftlichen Inhalten zu ermöglichen.

Der politische Erfolg blieb aus. Im Abgeordnetenhaus wurde dieses Thema nicht behandelt und von der Regierung nach einem Jahr abgelehnt.

Der Staat zeigte kein Interesse an der Bildung seiner Töchter.

Selbsthilfe war gefragt, um Realkurse für Mädchen aufzubauen. Dies gelang, unterstützt vom liberalen wissenschaftlichen Zentralverein.

Elly Heuss-Knapp, die Sozialreformerin

„Wir haben das Deutsche Müttergenesungswerk gegründet, evangelisch, katholisch, sozialistisch, Rotes Kreuz – alle, die Mütterheime haben –, vereinigt bei mir in Godesberg. Es läuft gut an", so Elly Heuss-Knapp 1950 an eine Freundin.

Die Elsässerin Elly Knapp wurde am 25. Januar 1881 geboren. Der Vater lehrte in Straßburg Nationalökonomie. Sie war mit 18 Jahren fertige Lehrerin, der einzige standesgemäße Beruf, den sie als bürgerliche Tochter ergreifen konnte. Sie bildete sich aber auch fort in den Fächern Sozialpolitik und Volkswirtschaft. In der Pflege der Armen wurde sie mit den sozialen Fragen der Zeit konfrontiert. Früh kam sie in Kontakt mit der linksliberalen Richtung Friedrich Naumanns.

1910 brachte sie ihr erstes Buch heraus: „Bürgerkunde und Volkswirtschaftslehre für Frauen".

Sie war seit dem 11. April 1908 die Ehefrau des ersten Bundespräsidenten der Bundesrepublik Deutschland, Theodor Heuss, sie war Gründerin des Müttergenesungswerks, aber sie war noch weit mehr. Erfindungsreich, begabt und energisch, so wird Sie im Nachruf beschrieben.

Sie gründete eine Werbefirma und brachte in den Zeiten des Berufsverbots ihres Mannes die Familie durch. Theodor Heuss musste seine Tätigkeiten als Politiker und Dozent in den dunklen Zeiten des Nationalsozialismus in Deutschland niederlegen, betätigte sich aber weiter als Schriftsteller.

Eine Seite von Elly Heuss-Knapp nimmt in den Darstellungen immer einen geringen Platz ein: die Seite der Politikerin.

Schon 1919 war sie Kandidatin für die DDP, der Deutschen Demokratischen Partei. Es war die erste Wahl in Deutschland, für die Frauen ein Stimmrecht hatten. Entsprechend stark rührte sie die Werbetrommel, damit viele Frauen von ihrem Recht Gebrauch machten. 1946–1949 war sie mit ihrem Mann Mitglied des Landtags von Württemberg-Baden, zuerst für die DVP (Demokratische Volkspartei), später für die FDP. Im sozial-politischen Ausschuss setzte sie sich dafür ein, dass jedes schulpflichtige Kind einmal am Tag eine Mahlzeit bekam und die Klassenstärke unter 50–60 Schülern liegen musste.

Ihr Blick auf die Parteiarbeit blieb immer kritisch. Vielleicht hat sie das frühere Berufsverbot ihres Mannes vorsichtig gemacht. Sie war am Gründungstag der West-FDP in Heppenheim anwesend. Elly Heuss-Knapp kommentierte dieses Ereignis so:

„Die Tagung verlief sonderbar; die Referate waren ganz ausgezeichnet, so hoch im Niveau, wie sicher keine andere Partei es leisten kann, auch in der Diskussion. Aber sonst ist es die alte Geschichte: leichter einen Sack Flöhe einigen als den Liberalismus. Schon der Name war kaum in Ordnung zu bekommen."

Theodor Heuss machte eine große politische Karriere. Mit der Wahl zum Bundespräsidenten wurde Elly Heuss-Knapp die erste „First Lady" der Bundesrepublik. Verbunden mit ihrem Namen ist die Gründung der Elly-Heuss-Knapp-Stiftung – Deutsches Müttergenesungswerk. Zu der Arbeit der Frau des Bundespräsidenten gehört heute noch das Engagement für ein soziales Thema. Darin war Elly Heuss Knapp Vorbild.

Das Müttergenesungswerk steht bis heute unter der Schirmherrschaft der Frau/Lebensgefährtin des Bundespräsidenten.

Liselotte Funcke – Frei sein, um andere frei zu machen

„Wer in der Gesellschaft und Politik etwas verändern will, muss mit vielen Widerständen rechnen. Die liberalen Frauen haben diese Widerstände vielfältig erfahren, am schmerzlichsten, wenn sie aus der eigenen Partei kamen. Der Traum von einer befreiten Menschheit, befreit von ständischen, hierarchischen und patriarchalischen Strukturen – hin zur Menschlichkeit –, hat sie unermüdlich und zäh für ihre Ziele kämpfen lassen: Freiheit, Gleichberechtigung und Verantwortung von Frauen und Männern in Staat, Beruf und Gesellschaft."

(Liselotte Funcke, 1984)

Vor hundert Jahren wurde Liselotte Funcke am 20. Juli 1918 in Hagen geboren. Sie war eine Politikerin der ersten Stunde. Schon 1950 war sie für die FDP Abgeordnete im Landtag in Nordrhein-Westfalen. Sie blieb es, bis sie 1961 in den Deutschen Bundestag gewählt wurde. 1968 war sie das erste weibliche Präsidiumsmitglied und 1977 wurde sie stellvertretende Bundesvorsitzende der FDP. 1969–1979 war sie Bundestagsvizepräsidentin. Liselotte Funcke ist Vorbild.

Bemerkenswert ist allerdings, dass es bis heute keine umfassende Biographie dieser unermüdlichen Politikerin gibt.

Der veröffentlichte Briefwechsel macht deutlich, welche Themen Liselotte Funcke ein Anliegen waren.

Sie selbst sah als Schwerpunkte ihrer politischen Arbeit Bildungs-, Jugend-, und Frauenpolitik sowie Steuer-und Wirtschaftspolitik.

Sie kämpfte – um einige wenige Punkte herauszugreifen – als stellvertretende Vorsitzende des Finanzausschusses des Deutschen Bundestages für die steuerliche Gleichstellung von Ausbildungs- und Fortbildungskosten.

Sie setzte sich vehement für die Einführung der Teilzeitarbeit für Beamtinnen ein, setzte sich ein für die Verbesserung der Arbeitsbedingungen in Gesenkschmieden und plädierte für die Unterstützung von leistungsfähigen Mittelbetrieben, anstatt Konzernen die Mittel zukommen zu lassen.

Sie ist „eine Frau, die ihren Mann steht", so charakterisierte sie Alt-Bundespräsident Walter Scheel.

Ihre politische Vielseitigkeit, die Verbindung von Menschlichkeit und Leistung, ihre Hartnäckigkeit im Verfolgen ihrer politischen Ziele, ihr Sinn für praktische Lösungen, wird auch von politischen Gegnern herausgestellt.

Zum Beispiel die Studentenunruhen: In ihrer Bundestagsrede am 7. Mai 1968 sprach sie sich für mehr Toleranz gegenüber der jüngeren Generation aus. Sie trat ein für einen Dialog der Generationen. Dem Slogan „Ruhe ist die erste Bürgerpflicht" konnte sie nichts abgewinnen. Sie wollte lieber die Unruhe predigen, die Unruhe der echten demokratischen Auseinandersetzung.

Zum Beispiel Selbstbestimmung: der Paragraph 218:

In den siebziger Jahren war ihr Schwerpunktthema die Reform des Paragraphen 218.

Sie vertrat den Standpunkt, ein Kind habe das Recht gewollt zu sein. Sie sah in Straffreiheit und Fristenlösung den einzig gangbaren Weg. Die 1974 im Bundestag beschlossene Fristenlösung wurde vom Bundesverfassungsgericht ein Jahr später abgelehnt.

Ab 1981 hatte sie das Ehrenamt der Beauftragten der Bundesregierung für die Integration der ausländischen Arbeitnehmer und ihrer Familienangehörigen inne. In dieser Zeit forderte sie die Einrichtung einer „Stelle für Migration und Integration". Außerdem forderte sie eine koordinierte europäische Migrationspolitik.

Nach 10 Jahren ehrenamtlicher Arbeit trat sie zurück. Sie versuchte die Versäumnisse der Ausländerpolitik aufzuzeigen. 16 Briefe an Bundeskanzler Kohl blieben unbeantwortet.

Ihr „Kündigungsschreiben", in dem sie auf die Gefahren einer vernachlässigten Ausländerpolitik hinwies, machte sie öffentlich. Ein Auszug: „Es ist ... zu befürchten, dass die zunehmende Beunruhigung in der deutschen und die Enttäuschungen in der ausländischen Bevölkerung zu Entwicklungen führen, die immer schwerer beherrschbar werden."

Sie sollte nicht nur hier Recht behalten.

Wider die Frauenquote

Die FDP-Politikerin Linda Teuteberg formulierte diesen auf die Frauenquote gezielten Satz: „Frauen sind keine förderungswürdigen Opfer".

Wahr ist aber auch, dass von insgesamt 32 Bundesministern, die für die FDP von 1949 bis heute im Amt waren, nur zwei Frauen waren. Von 1992–1996, sowie auch 2009–2013, war Sabine Leutheusser-Schnarrenberger Bundesministerin der Justiz. Damit besetzte sie als erste Frau in Deutschland, eines der vier klassischen Ministerien.

Irmgard (Adam-)Schwaetzer war von 1991–1994 Bundesministerin für Raumordnung, Bauwesen und Städtebau.

Teuteberg vermisst weibliche Vorbilder in politischen Funktionen. Schauen wir doch genau hin: es gab und gibt weibliche Vorbilder, auch in hohen Parteifunktionen. Man muss sich nur an sie erinnern wollen.

Auf dem Bundesparteitag 2018 in Berlin wurde das Thema Frauenförderung wieder aufgenommen. Es ist zu bezweifeln, dass die Steigerung des Anteils von Frauen in Parteifunktionen und als Mandatsträgerinnen durch Einführung einer Pflicht-Frauenquote der richtige Weg wäre.

Setzen wir die Einführung einer Frauenquote durch, welche Quotenregelung folgt dann: eine Seniorenquote – siehe demographischer Wandel, eine Quote für Hochbegabte?

Wie wäre es, wenn einfach die Leistung zählt und diese als Maßstab gelten sollte? „Leistung statt Geschlecht"!

Ralf Dahrendorf stellte den Begriff der „Lebenschancen" in den Mittelpunkt liberalen Denkens. Frauen sollten ihre Chancen wahrnehmen können, aber man sollte sie nicht zum „Jagen tragen".

1972 wurde auf dem Bundesparteitag der FDP ein „Programm zur Gleichberechtigung der Frau" verabschiedet. Die FDP war somit die erste Partei, die dies forderte.

Seit dem Jahr 2000 gibt es Initiativen innerhalb der Partei, die den Frauenanteil erhöhen wollen. Heute liegt der Frauenanteil in der FDP bei 22 %.

Ist es aber sinnvoll, diesen Anteil künstlich zu erhöhen?

Es fragt sich, ob, wie angedacht, die sozialen Themen als Frauenthemen ausgewiesen werden sollten. Sehen wir den „Bund liberaler Unternehmerinnen", sehen wir zurück auf die Beginen, da ist offensichtlich, dass ein Unternehmen erfolgreich von Frauen geführt werden kann, also auch Unternehmertum ein Frauenthema ist.

Wie meinte die „große alte Dame" der FDP Marie-Elisabeth Lüders (1878–1966) so treffend: „Meine Damen, kümmern Sie sich um die Wirtschaft und um die Finanzen, dann haben Sie den Hebel in der Hand."

Lassen wir Frauen selbst entscheiden, wann oder ob sie den Weg in die Politik finden. Falsche Anreize verstellen nur den Blick auf das Wesentliche. Das Wesentliche ist die Freiheit und diese kostet Selbstanstrengung!

Schlussbetrachtung

Ja, die Politik war und ist männerdominiert. Aber es gab immer Politikerinnen, die es aus eigener Kraft und mit Zähigkeit schafften.

Wir kennen doch die Namen wie Hildegard Hamm-Brücher, die „Grande Dame" der Liberalen, die für das Amt des Bundespräsidenten kandidierte, Cornelia Schmalz-Jacobsen, die Bürgerrechtsikone Sabine Leutheusser-Schnarrenberger, Marie-Elisabeth Lüders, Ruth Wagner, die Generalsekretärin der FDP Hessen Bettina Stark-Watzinger, Irmgard (Adam-)Schwaetzer und die vielen anderen.

Schließen möchte ich mit einem Wort unserer Generalsekretärin Nicola Beer: „Die Frauenquote ist eine Krücke"!

Dem habe ich nichts hinzuzufügen.

DER STAAT DARF NICHT LENKEN;
ER SOLL BEDINGUNGEN SCHAFFEN,
ABER NICHT INDIVIDUALITÄT FORMEN.

THOMAS WOODROW WILSON (1856–1924)

Die Freiheit des Einzelnen ist begrenzt durch die Freiheit der Anderen

Liberale Betrachtungen
deutscher und europäischer Außenpolitik

Von Frank Sürmann

Uns Deutschen geht es so gut wie nie und nicht nur einige besorgte Deutsche, sondern auch im Ausland treibt sich die Sorge um, dass wir das gar nicht mehr erkennen. In Zeiten der Putins, Kim Jong-uns, Trumps und anderen Machthungrigen ist es an der Zeit zu fragen, wie gehen wir mit unserer Sicherheit aber auch mit unseren europäischen Verbündeten, einer Verteidigungsgemeinschaft wie der NATO und anderen Einrichtungen überhaupt noch um. Ja, unsere Freiheit ist begrenzt durch die der Anderen, zum einen, weil ärmere Länder wie Russland auf die Idee kommen könnten, sich den Reichtum kriegerisch zu holen oder wie die USA es macht, unsere Produkte so mit Zöllen zu belegen, dass sie zum Einkauf in den USA unattraktiv werden. Der Liberale will weg von Zöllen und staatlicher Lenkung. Es soll sich der profilieren, und damit auch der Staat, in dem die besten Produkte erzeugt werden. Handelshemmnisse sind diesbezüglich Sand im Getriebe von Innovation und Fortentwicklung. Das Gleiche gilt aber auch für Staatssubventionen für Unternehmen, die üblicherweise nur deshalb am Markt konkurrenzfähig sind, weil sie staatlich unterstützt werden. Gerade ist auch Deutschland wegen illegaler staatlicher Anschubfinanzierung von Unternehmen von der WTO verurteilt worden. Wie sollte daher liberales Denken zu einem vernünftigen politischen Handeln führen?

Ziel der Außenpolitik und Richtschnur muss sein, Handelshemmnisse in der ganzen Welt abzubauen. So muss man Trump davon überzeugen, oder die USA, dass das Handelsabkommen TTIP, wie es mit Kanada als CETA geschlossen wurde, ein ganz wichtiger Schritt in einen freien Welthandel ist, weil es Vorbildfunktion hat. Ob man es glauben will oder nicht, aber Trump hat recht, dass in Europa viel zu viele Subventionen gezahlt werden und damit Marktverzerrungen vorhanden sind. Alleine die landwirtschaftlichen Produkte sind ja nur deshalb so billig, weil sie subventioniert sind. Die Lebensmittelpreise in den USA beispielsweise machen einen weit, weit höheren Anteil an den Ausgaben des privaten Haushaltes aus als bei uns. Wenn wir also von anderen marktwirtschaftliches Handeln fordern, müssen wir das auch nach innen tun. Und hier muss ich auch mal Macron Recht geben, dass wir, wenn wir ein gemeinsamer europäischer Markt sein wollen, dass wir dann auch denknotwendig eine einheitliche Steuer- und Finanzpolitik brauchen. Das mag viele erschrecken, weil natürlich die nach dem Grundgesetz vorgegebene staatliche Macht an ein Staatengebilde gegeben würde, welches an sich noch gar nicht existiert und was möglicherweise auch das Grundgesetz gar nicht erlaubt ist. Wenn wir aber die Erkenntnis haben, dass wir nur als gemeinsamer Markt in der Welt bestehen können, müssen wir Schritte tun, um dies vernünftigerweise auch zu realisieren.

Wir haben eine gemeinsame Währung aber keine gemeinsame Sprache! Ein Projekt, was die Außenpolitik in Europa dringend in Angriff nehmen sollte. Und auch wenn England die europäische Union verlassen würde, scheint englisch das Maß der Dinge. Das geht nicht von heute auf morgen. Aber man könnte sich in Europa einigen, dass englisch erste Fremdsprache wird, was es sowieso schon ist, und auch in allen Ländern zur Amtssprache wird, neben der Nationalsprache. In Europa sollte englisch in den Institutionen wie Kommission und Parlament als einzige Sprache gelten. Sprachbarrieren sind unter anderem in der Geschichte auch immer wieder Gründe für Kriege gewesen.

Wenn wir aber schon merken, dass unser Grundgesetz auf eine europäische Wirtschaftsregion und schon gar nicht auf einen europäischen Staat passt, wird sich das Volk ein neues Grundgesetz oder Verfassung geben müssen. Ja wäre weit gedacht und die Kritiker werden solche Gedanken als „verräterisch" bezeichnen, da sie die Nationalstaaten in Europa Stück für Stück auflöst. Ich halte das trotzdem für den richtigen Weg in die Zukunft, um wirtschaftlichen Erfolg und insbesondere Friede und Freiheit zu erhalten. Denn wenn wir neben einer großen Wirtschaftsmacht nicht eine große Streitmacht für Europa haben, werden wir anfällig für Angriffe. Darüber will und mag keiner reden, aber die reale Gefahr ist nach meiner Auffassung so groß wie nie. Mit diesem Gedanken zum Buch: Aus freiheitlicher Perspektive, entlasse ich Sie in quälendes Grübeln.

ICH GLAUBE, ICH WÜRDE DIE FREIHEIT
IN JEDER EPOCHE DER GESCHICHTE
GELIEBT HABEN. ABER IN ZEITEN, IN
DENEN WIR HEUTE LEBEN, BIN ICH
BEREIT, SIE INBRÜNSTIG ZU VEREHREN.

ALEXIS DE TOCQUEVILLE

Der lange Abschied und das große Schweigen

Für eine Erinnerungskultur der Begegnungen
Von Birgit Grüner

> *Wer hat uns also umgedreht, dass wir,*
> *was wir auch tun, in jener Haltung sind*
> *von einem, welcher fortgeht? Wie er auf*
> *dem letzten Hügel, der ihm ganz sein Tal*
> *noch einmal zeigt, sich wendet, anhält, weilt –,*
> *so leben wir und nehmen immer Abschied*
> *(aus den Duineser Elegien)*

Rainer Maria Rilke beschreibt hier ein Lebensgefühl. Es geht um ein Fortgehen aus einer vertrauten Welt, es geht um etwas Unabgeschlossenes, ein unvollendetes Abschiednehmen.

So könnte man das Lebensgefühl der Heimatvertriebenen beschreiben.

Blicken wir auf das Schicksal der deutschen Heimatvertriebenen des Zweiten Weltkriegs nach 1945.

Der Zweite Weltkrieg hat heimatlos gemacht. Es gab 14 Millionen Deutsche, die sich auf den Weg machen mussten. Allein in Hessen kamen bis zum Jahr 1950 eine Million Vertriebene an. Sie waren am Wiederaufbau der Bundesrepublik beteiligt und haben zum wirtschaftlichen Aufschwung ihren nicht unwesentlichen Beitrag geleistet. Die Integration gilt als gelungen. Eine beruhigende Bilanz, aber wirklich eine Erfolgsgeschichte? Es war die Erfolgsgeschichte der Sesshaftmachung und auch der vielerorts geschlossenen Freundschaften mit den Einheimischen.

Die Situation entspannte sich mit dem Kennenlernen.

Man bewahrte das Andenken an die verlorene Heimat. 1950 bekannten sich die Vertriebenen zum Verzicht auf Rache und Vergeltung. Sie besiegelten es in der „Charta der deutschen Heimatvertriebenen".

Die Mitwirkung an der Aufbauleistung wird gewürdigt. Es entstanden Gedenkstätten, Erinnerungsstätten mit musealem Charakter, wo man sehen kann, wie die Deutschen in den Ostgebieten lebten. Die nicht mehr vorhandene Heimat wohnte im Herzen weiter.

2011 wurde an den Schulen im Fach Geschichte „Flucht und Vertreibung" in das Kerncurriculum Geschichte aufgenommen.

Man führte einen „Hessischen Gedenktag für die Opfer von Flucht und Vertreibung und Deportation" ein. „Geprägt werden wir durch unsere Heimat, unsere Herkunft, unsere Sprache, unsere Traditionen und durch unseren Glauben, den wir praktizieren. Nimmt man einem Menschen etwas davon weg, dann stirbt auch gleichzeitig ein Teil seiner Identität", so Staatsminister Grüttner am 3. Hessischen Gedenktag 2016.

Heimatvertrieben, was heißt das?

Nach Gruppendefinition des BVFG (Bundesvertriebenengesetz) von 1953 sind Heimatvertriebene deutsche Staatsangehörige oder Personen deutscher Volkszugehörigkeit, die ihren Wohnsitz in dem Gebiet des Deutschen Reiches nach dem Stande vom 31. Dezember 1937, d. h. in den früheren deutschen Ostgebieten hatten. Sie kamen aus Pommern, Westpreußen, Ostpreußen, Schlesien, Polen, der Tschechoslowakei (Sudeten- und Karpatendeutsche Siedlungsgebiete), der Sowjetunion (Wolgadeutsche), dem Baltikum (Estland, Lettland, Litauen).

Heimatvertrieben, das bedeutet Enteignung, Verlusterfahrung, Verlust von Land, Zugehörigkeit und Werten. Der

Schmerz war ohne Worte spürbar. Es gab zu viele Häuser ohne Hüter. Nach der räumlichen Obdachlosigkeit kam die seelische Obdachlosigkeit. Ein Trauma, das oft bis in die dritte Generation weiterwirkt.

Kinder, die in der BRD geboren wurden, identifizieren sich oft so stark mit der Heimat ihrer Eltern, dass sie in der neuen Heimat keine Wurzeln schlagen konnten.

Die „Stunde Null" wurde von vielen jungen Menschen gleichermaßen erlebt. Der Schriftsteller Wolfgang Borchert fasste dies in folgende eindrucksvolle Worte: „Wir sind die Generation ohne Glück, ohne Grenze, ohne Hemmung und Behütung – ausgestoßen aus dem Laufgitter des Kindseins in eine Welt, die die uns bereiten, die uns darum verachten."

Ohne Bindung und Behütung, ohne Heimat und ohne Abschied, das war die Lebenswelt vieler Kriegskinder und Jugendlicher. Das war die Lebenswelt Vertriebener.

Sie bekamen eine Wohnstatt zugewiesen, wussten aber nicht mehr, wo sie hingehörten. Dieses Nicht-Ankommen der Eltern beließ auch die Kinder in einem Zustand der Heimatlosigkeit.

Heimatvertrieben zu sein bedeutet ein Aushalten des Lebens in der Fremde.

Altbürger – Flüchtlinge – Heimatvertriebene

Die heimatlos gewordenen Menschen kamen im Westen an. Die westdeutsche Bevölkerung wurde überrollt.

„Wir fragen nicht nur, was in den Flüchtenden vor sich ging, sondern zugleich, was sich durch sie vollzog, indem sie in die Welt der Sesshaften eintraten. Denn ihr Erscheinen stört eine Welt auf, und was geschieht, geschieht nicht nur den Geflohenen und Vertriebenen, sondern auch den anderen, denen sie ins Haus traten ..." (Elisabeth Pfeil, Der Flüchtling. Hamburg 1948)

Die Vertriebenen waren nicht willkommen. Sie konnten nur auf wenig Mitgefühl und Solidarität hoffen.

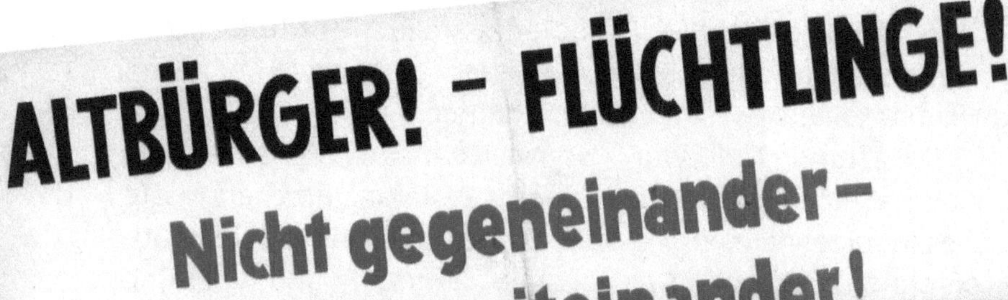

Mit freundlicher Genehmigung des ADL (Archiv des Liberalismus), Audiovisuelles Sammlungsgut. Signatur: P2-73

Werfen wir einen Blick auf das Wahlplakat der Hessen-FDP aus dem Jahre 1949. Die FDP griff im Wahlkampf das offene Problem der gespaltenen Gesellschaft auf.

Der Migrationsforscher Klaus J. Bade brachte das Problem auf den Punkt: die Nachkriegsgesellschaft war in „zwei Schicksalsgemeinschaften" gespalten. Die eine war die Gemeinschaft der Einheimischen, die andere war die Schicksalsgemeinschaft der Vertriebenen. Der verelendete Zug der Vertriebenen, deklassiert und ganz unten angekommen und die Einheimischen, die auch nicht viel hatten. Die Sesshaftmachung gelang, indem bürokratische Hürden genommen wurden. Sie wurden eingewiesen in Wohnungen, Flüchtlingsbaracken und Auffanglager.

Das mentale Gepäck interessierte niemanden. Der mentale Rucksack der Rucksack-Deutschen wurde nicht geöffnet.

Nach dem Krieg war Deutschland ein anderes Land – durch Zerstörung, durch die vielen neuen Menschen mit anderen Traditionen und anderen Dialekten und nicht zuletzt durch die Teilung.

Exkurs:

Heimatvertriebene gab es auch im Gebiet der späteren DDR. Diese erlebten, wie ihr Schicksal totgeschwiegen wurde. Die Untaten des Nationalsozialismus wurden den Altnazis zugeschoben, die es offiziell nur in der BRD gab. Man ging übergangslos zum Sozialismus über. Die jüngste Geschichte wurde in der sogenannten „Sowjetzone" nicht aufgearbeitet. Das Schicksal der Vertriebenen zur Sprache zu bringen hätte bedeutet, die „sozialistischen Brudervölker" des Unrechts und der Vertreibung zu bezichtigen. Man unterließ die Beleuchtung des Themas „Vertreibung" komplett.

Ankommen im Wirtschaftswunderland

Die Heimatlosen fanden eine neue Heimat im Wirtschaftswunderland Westdeutschland, in einem Wunder, das sie selbst miterschaffen haben.

Auf die Frage, was als identitätsstiftend für die Bundesrepublik galt, nannte Peer Steinbrück vier Punkte: Verfassungspatriotismus, die D-Mark, die Fußballweltmeisterschaft 1954 und ein Wohlstands- und Wachstumsparadigma. Man schien angekommen.

Peer Steinbrück schrieb in der Welt am Sonntag: „Ein Gespenst geht um in Deutschland, die „German Angst".

Der ehemalige US-Botschafter in Berlin während der Präsidentschaft Bill Clintons, John Kornblum, formuliert: „Man kann mindestens vorläufig zu dem Schluss kommen, dass dieses Land immer noch unter einem ziemlich schweren Trauma leidet."

Das Vergangene ist noch nicht vergangen.

Die Zeit des Wiederaufbaus war die Zeit der materiellen Verwöhnung, aber auch die Zeit der emotionalen Unerreichbarkeit der Eltern. Oft fühlten sich die Kinder genötigt, die Eltern für den erlittenen Verlust zu entschädigen, wie der Verlust von Lebenschancen bei den Vätern, die von der Schulbank direkt in den Krieg mussten. Das Eltern-Kind–Verhältnis war auf den Kopf gestellt. Kinder fühlten sich zuständig für das Glück der Eltern. Parentifizierte Kinder durften den Eltern keine Sorgen bereiten. Sie mussten erfolgreich in der Schule und selbstverständlich ein „Sonnenschein" sein. Sie lernten schnell: „Das was du im Kopf hast, das kann dir keiner mehr nehmen!"

Heimatvertrieben, das bedeutet Suche nach der eigenen Identität, die vor lauter Anpassungsbereitschaft kaum mehr zu finden ist.

Der Wohlstand war Ersatz. Es war die Zeit des Aufbaus. Man blickte nach vorne. Die Eltern räumten die Trümmer weg. Die Kinder und Enkel räumten und räumen die seelischen Trümmer weg. Die Kinder der Kriegskinder, die Kinder der Kriegsjugendlichen lebten in einer zweifachen Realität: sie erlebten den Wohlstand, es ging aufwärts. Da gab es aber auch eine zweite Realität: das war das Verschweigen, die eingegrabenen Bilder des Krieges, die verschwiegene Seelennot der Eltern, der Großelterngeneration, die ein ganzes Land in Schutt und Asche gehen sahen.

So gab man das mentale Gepäck der Ungeborgenheit und das unverarbeitete Gelebte weiter an die nächste Generation. Schweigen schützt!

Zerrieben im politischen Diskurs

Am 29. Mai 1999 hielt Otto Schily auf einer Veranstaltung des Bundes der Vertriebenen eine beachtenswerte Rede. „Die politische Linke hat in der Vergangenheit, das lässt sich leider nicht bestreiten, zeitweise über die Vertreibungsverbrechen, über das millionenfache Leid, das den Vertriebenen zugefügt wurde, hinweggesehen, sei es aus Desinteresse, sei es aus Ängstlichkeit vor dem Vorwurf, als Revanchist gescholten zu werden, oder sei es in dem Irrglauben, durch Verschweigen und Verdrängen eher den Weg zu einem Ausgleich mit unseren Nachbarn im Osten zu erreichen. Dieses Verhalten war Ausdruck von Mutlosigkeit und Zaghaftigkeit."

Intellektuelle interessierten sich schon gar nicht, da Vertriebene unter dem Generalverdacht standen, zur braunen politischen Richtung zu gehören.

Mit Abscheu betrachten wir den Holocaust, den millionenfachen, staatlich geplanten Mord. Wir schauen auf die Misshandelten und Entrechteten. Der von Hitler vom Zaun gebrochene Zweite Weltkrieg kostete Millionen Menschen das Leben. Die von den Deutschen angerichtete Verwüstung ganzer Landstriche darf in diesem Zusammenhang nicht ungenannt bleiben – ganz zu schweigen die von den Besatzern geschundene Bevölkerung.

Die Rache der Sieger an den Verursachern von Not, Leid und Verwüstung blieb nicht aus. Die Vertreibung wurde ein Instrument der Rache. Der sowjetische Diktator Stalin bediente sich des Instruments der Vertreibung, um die Bundesrepublik sozial und politisch zu destabilisieren. Stalins Rechnung ging nicht auf.

Der Internationale Strafgerichtshof in Den Haag fasst heute den Sachverhalt der Vertreibung unter „Verbrechen gegen die Menschlichkeit".

Diese Vergangenheit ist gekennzeichnet durch den Verlust der Heimat, gekennzeichnet durch ungelebte Trauer. Dies zu benennen „gehört zur geistigen Hygiene" (Rüdiger Safranski).

Es wurde kontrovers diskutiert über „Vertriebene als Opfer" oder „Vertriebene als Teil des Tätervolkes". Hier verläuft der schmale Grat des politischen Diskurses.

Günter Grass wagte 2002 einen Tabubruch. Sein Buch „Im Krebsgang" richtet den Blick ausschließlich auf das Leid der deutschen Bevölkerung. Der Untergang der „Wilhelm Gustloff", eine der großen Flüchtlingstragödien, wird in dieser Novelle geschildert.

„Niemals hätte man über so viel Leid, nur weil die eigene Schuld übermächtig und bekennende Reue in all den Jahren vordringlich gewesen sei, schweigen, das gemiedene Thema den Rechtsgestrickten überlassen dürfen." (Günter Grass, geboren 1927 in Danzig).

Kriege haben lange Schatten

Bundespräsident Richard von Weizsäcker hat in seiner berühmten Rede zum 8. Mai 1985 gemahnt, das Erinnern zu bewahren.

„Erinnern heißt, eines Geschehens so ehrlich und rein zu gedenken, dass es zu einem Teil des eigenen Inneren wird. Deshalb müssen wir verstehen, dass es Versöhnung ohne Erinnerung gar nicht geben kann ... Wir alle, ob schuldig oder nicht, ob alt oder jung, müssen unsere Vergangenheit annehmen. Wir alle sind von ihren Folgen betroffen und für sie in Haftung genommen. Jüngere und Ältere müssen und können sich gegenseitig helfen, warum es lebenswichtig ist, die Erinnerung wachzuhalten. Wer vor der Vergangenheit die Augen verschließt, wird blind für die Gegenwart."

Es sollte einen Ort geben, wo man sich treffen und ins Gespräch kommen kann. Wo man sich darüber austauschen kann, was geschah und als Nachgeborener sich selbst verstehen lernt. Damit wir nicht blind sind für unsere eigene Gegenwart.

Es gilt die Sprachlosigkeit zu überwinden, solange noch Zeit ist. Die Zeitzeugen erreichen wir bald nicht mehr.

**Erinnerungsstätte als Begegnungsstätte:
Schweigen schützt, aber Reden heilt.**

In Altenheimen leben heute geschätzt 500 000 Kriegskinder.

Eine Projektgruppe der Arbeiterwohlfahrt (AWO) in Schleswig-Holstein gab einen „Leitfaden zum Einfluss von Kriegserinnerungen auf die Praxis in der Altenpflege" heraus. „Die tägliche Erfahrung in der Pflege zeigt, dass die Erlebnisse und Erinnerungen der Kriegskinder sich nicht einfach ausblenden lassen", so eine Referentin für Alten- und Pflegepolitik der AWO Schleswig-Holstein. Der Altersforscher und Psychiater Prof. Dr. Hartmut Radebold hat die Reaktivierung der erlittenen Traumata als einer der ersten untersucht. Die geschwächte mentale Abwehr im Alter lässt die Bilder der Vergangenheit zurückkehren. Er gehört der Forschungsgruppe „weltkrieg2kindheiten" an. Er untersucht die Langzeitfolgen bei Kriegskindern – europaweit. „Das Unbewusste ist zeitlos", so Radebold.

Es geht auch um die, die im Frieden geboren wurden. Diesen fehlte es an nichts. Wirklich nicht? Es wäre wichtig eine Begegnungsstätte zu schaffen für Menschen, die Verlust und Vertreibung in ihrem mentalen Lebensgepäck haben. Wir müssen verteidigen lernen, dass dies ein Teil der deutschen Geschichte ist.

Mehr als sieben Jahrzehnte nach Kriegsende ist noch immer eine gewisse Befangenheit im medialen Umgang mit der Vertreibung von Millionen Deutschen zu spüren. Befürchtet man, dass eine Relativierung der deutschen Verbrechen unterstellt wird, wenn man schonungslos über die Vertreibung berichtet?

Es geht um einen Rückblick „ohne Rechtfertigung und ohne Glorienschein" (Sabine Bode).

Es geht darum, gemeinsam zu lernen unsere Vergangenheit anzunehmen.

Bauen wir ein Haus der Begegnung, nennen wir es „Haus der Vertreibung und des Ankommens".

Gibt es eine angemessene Erinnerungskultur?

Wie könnte diese aussehen?

Man hatte in der Entspannungspolitik nach 1969 Rücksichten auf die östlichen Nachbarn genommen. Man hat das Thema Vertreibung zur Seite geschoben, um die Ost-West-Entspannungspolitik in trockene Tücher zu bekommen.

Sah man nur dieses Entweder – Oder?

Heute finden wir dieses Thema in der „rechten Ecke". Genau dort gehört es **nicht** hin!

Wäre eine angemessene Erinnerungskultur nicht eine europäische Aufgabe?

Erinnern wir uns der Opfer des Nationalsozialismus **und** erinnern wir uns an die Opfer der Vertreibung. Geben wir die Möglichkeit einer offenen Trauer.

Es steht noch so viel im Raum und wir haben wenig Zeit. Die betroffenen Kriegskinder haben sie nicht mehr und wir auch nicht. In absehbarer Zeit haben wir niemanden mehr, den wir fragen können.

Helfen wir den schweren Rucksack der Vergangenheit zu öffnen.

Es leben immer noch Menschen, die aussprechen wollen, was sie ihr ganzes Leben lang belastet hat. Und es gibt die Nachfahren, die dieses Schicksal in ihrem Lebensskript haben. Schaffen wir einen Raum der Auseinandersetzung.

Begegnen wir dem Thema mit Verständnis und Menschlichkeit und verbeugen uns so vor dem Leid aller.

Ausblick

Die Vertreibung der Deutschen aus den Ostgebieten ist in ihrer Dimension ein historisch einmaliges Ereignis. Sie ist bis dahin die größte „Wanderungsbewegung" der Weltgeschichte.

Heute leben wir in einer Zeit, in der immer mehr Menschen unfreiwillig – aufgrund von Vertreibung oder Flucht – ihre Heimat verlassen.

Am Schicksal vertriebener Deutscher lässt sich, quasi in einer Langzeitstudie (vgl. die Studien Professor Radebolds) über die letzten 73 Jahre verfolgen, welche Auswirkungen der Verlust von Heimat auf die Betroffenen und deren Kinder und Enkel hat. Daraus folgt die globale Verantwortung, Fluchtursachen gemeinsam zu bekämpfen.

Ich bin das Kind von Heimatvertriebenen. Meine Eltern wurden als Sudetendeutsche in der Tschechoslowakei geboren. Sie mussten ihre Heimat verlassen. Sie gingen fort, aber kamen nie richtig an. Ankommen in einer „neuen Heimat" ist ein Prozess. Ich bin Heimatvertriebene in der zweiten Generation. Mein Leben war ein immerwährender Versuch anzukommen. Und ist es noch immer.

Für M. in Dankbarkeit

ICH HABE SORGE, DASS EINE JUNGE
GENERATION HERANWÄCHST,
DIE VON ALLEM DEN PREIS UND
VON NICHTS DEN WERT KENNT.

JOHANNES RAU

Die organisierte Idee der Freiheit

Von Till Mansmann, MdB

Man stelle sich die ganze Menschheit reduziert auf die Gäste eines Restaurants vor, an verschiedenen Tischen schaffen sie verschiedene Gesellschaften. Man stelle sich weiter einen Tisch dort vor – sagen wir: mit vier Personen. Und allen stehen je 30 Euro zur Verfügung. Man kann davon ausgehen: So eine Gesellschaft halten alle Menschen erst einmal für „gerecht" – es gibt keinen Grund, eine materielle „Ungerechtigkeit" anzunehmen. Entsprechend besteht hier wenig Diskussionsbedarf. Es ist ein eher stiller Tisch, über Materielles wenigstens muss hier nicht gesprochen werden. Man muss vorsichtig bestellen, die Mittel sind begrenzt, aber das geht ja allen so.

Am Nachbartisch sitzen auch vier Personen – von denen erhält einer 90 Euro, einer 140, einer 170 einer 400 Euro. Nun wird es interessant – an diesem Tisch wird heftig diskutiert: Im Schnitt hat jeder 200 Euro – warum also bekommt einer mehr, die anderen drei weniger? Bestellungen sind kein Problem, die meisten Gerichte sind für alle erschwinglich. Dennoch liegt der Vorwurf der „Ungerechtigkeit" in der Luft. Es drohen Streit, Auseinandersetzung, aber auch der Bedarf nach einer Einigung, denn schließlich will man noch einen schönen Abend haben.

Aber die eigentliche Frage ist nun: An welchen Tisch wollen Menschen, die frei entscheiden können, lieber Platz nehmen? Wo halten sie sich lieber auf? Wer zweifelt daran, dass Menschen den höheren Standard wählen: Wenn alle die Situation an beiden Tischen erfasst haben, will eigentlich jeder an Tisch zwei sitzen – mit der Chance auf 1.000 Euro, aber im schlimmsten Falle immer noch mehr als doppelt so viel wie an Tisch eins. Schon gar, wenn klar wird, dass mit eigener Leistung – worin sie auch bestehen mag, es muss nur eine Leistung sein, die die anderen im Wesentlichen anerkennen –, dass mit solch einer Leistung die Chance auf eine höhere Summe steigt. Die Diskussionen um Verteilung beendigt das nicht, aber es könnte sie pragmatischer machen: Wenn alle einsehen, dass Tisch eins für sie keine wirkliche Alternative ist.

Es ist ja gar nicht so lange her, dass die ganze Welt in ähnlicher Weise aufgeteilt war: Tisch eins waren die „sozialistischen Bruderstaaten" im Osten, Tisch zwei der „freie Westen". Mit dem Unterschied: Wenn jemand von Tisch eins zu zwei wechseln wollte – wo man bereitwillig Aufnahme signalisiert hatte –, dann drohten schärfste Sanktionen. Aber das soll hier nicht Thema sein, sondern: Sehen wir ein, dass die Soziale Marktwirtschaft zwar materielle Unterschiede, insgesamt aber breiten Wohlstand gebracht hat? Oder zeigen wir in einer hart geführten „Gerechtigkeitsdebatte" um Umverteilung, dass wir diese Ungleichheit nicht aushalten?

Aber hier soll die Frage sein: An welchem Tisch hat der Liberalismus einen akzeptierten Platz? Sicherlich nicht an Tisch eins – hier sitzen eher Sozialisten oder auch nationale Kollektivisten, man würde also sagen: Linke und Rechte eher extremer Ausprägung. Aber gibt Tisch zwei dadurch schon ein liberales Bild ab? Wieder nein: Hier können auch Konservative sitzen oder Sozialdemokraten. Was unterscheidet den Liberalen zusätzlich zu dem Umstand, dass er Unterschiede leichter aushält?

Der Liberale gibt einfach nicht so viel auf den Vergleich der Menschen, der bei materiellen Gerechtigkeitsdebatten so weit im Vordergrund steht. Sondern er stellt das Individuum an sich in den Mittelpunkt. Liberalismus schöpft seine Kraft eher aus innerer Haltung als aus einer politischen Positionierung, theoretische Debatten, wie die Welt sein sollte, sind weniger seine Ausrichtung – und so steht auch das Individuum, das Verantwortung für sich und andere übernimmt, im Zentrum aller politischen Überlegungen. Andere gesellschaftliche Strömungen, die politischen Wettbewerber, sehen wohl, dass der einzelne Mensch im Zentrum liberalen Denkens steht – sie haben daraus den Vorwurf konstruiert, insbesondere wir deutschen Freien Demokraten seien eine Partei der Selbstoptimierer.

Angesichts dieses Vorwurfs wäre es an den Freien Demokraten, von Ungerechtigkeit zu sprechen: Damit wird man dem Liberalismus nicht gerecht. Natürlich wollen Liberale, auch wir deutschen Freien Demokraten, dass Leistung sich bezahlt machen kann. Wir akzeptieren also, dass dies zu materiellen Unterschieden führt, weil nicht jeder die gleiche Leistung anstrebt oder erreicht.

Das liberale Konzept von Verantwortung für sich und andere bedeutet auch, Besitz verantwortlich einzusetzen. Seit Gründung der FDP vor fast 70 Jahren ist die Sozialpflichtigkeit von Eigentum, wie sie auch im Grundgesetz festgehalten ist, in der Partei nie in Frage gestellt worden. Gleich zu Beginn, als die Wirtschaftsordnung der Bundesrepublik festgelegt wurde, hatten sich die liberalen Akteure gegen ein völlig freies Spiel der Kräfte, gegen „Turbo-Kapitalismus" gestellt: Die Schaffung eines Kartellamts, das für einen wirklichen und fairen Wettbewerb sorgen sollte, war ein ganz wesentlicher Baustein der Sozialen Marktwirtschaft. Auch ein gewisser Ausgleich materieller Ungleichheit in Form einer progressiven Besteuerung und ausgleichender Sozialleistungen aus genau diesen Steuermitteln wurden von der FDP nie in Frage gestellt. Nur die genaue Ausformung, die Höhe der Summen und Prozentwerte wurden diskutiert, wie in anderen Parteien auch, nur eben immer mit dem Schwerpunkt auf den Grundrechten der Individuen, zu denen auch das Eigentum gehört, und dem aus allen Gesetzen folgenden Einfluss auf die Leistungsfähigkeit des Einzelnen und der wirtschaftlichen Kraft der Gesellschaft als Ganzem.

Aber zusätzlich wurde in der FDP immer gefragt: Welche Aufgaben soll der Staat übernehmen, und welche überlassen wir den freien Menschen, seinen Bürgern also? Was darf der Staat alles regeln, und wo hat er sich grundsätzlich herauszuhalten? Alles das sind Fragen, auf die bereits unsere Verfassung von 1948, das Grundgesetz, eine Richtschnur bietet. Aber dieses Grundgesetz lässt auch noch weiten Gestaltungsspielraum – es steckt nur das Spielfeld ab, in dem der politische Ball bleiben soll, und sanktioniert wird nur, wer regelwidrig Foul spielt.

Vor allem aber hat die FDP immer einen Gedanken ins Zentrum gestellt, von dem aus alle politischen Forderungen gedacht wurden: die Freiheit des Einzelnen, sein Leben in die Hand zu nehmen, und das in erster Linie gar nicht nur wirtschaftlich, sondern in der ganzen Breite des menschlichen Lebens. Der Staat soll ihm keine Vorschriften machen können, wie er zu leben hat, was ihm wichtig ist, mit wem er Umgang pflegt oder gar zusammenleben will. Das ist ein Freiheitsbegriff, der dem Menschen das Vertrauen entgegenbringt. Du weißt schon, was Dir wichtig ist, wie Du Dein Leben anpackst und Deine Zukunft planst. Es ist aber auch ein Freiheitsbegriff, der aus der Verantwortung nicht entlässt: der durchaus fordert, in die Verantwortung für sich selbst auch die anderen einzubeziehen und für andere Menschen konkret oder das Gemeinwesen allgemein Verantwortung zu übernehmen.

Es war eine beeindruckende Erfahrung, dass in dieser Hinsicht die FDP gerade auch eine Feuerprobe wirklich bestanden hat: Dass die Wähler die FDP aus dem Bundestag 2013 und gleichzeitig aus vielen Landesparlamenten herausgefegt haben, das hätte bei einer Partei der Egoisten das Ende bedeutet: Vier Jahre außerparlamentarische Opposition, die Partei an ganz wesentlichen Stellen nur noch rein ehrenamtlich, ohne die Unterstützungen aus den Mandaten, durch die größte Krise ihrer Parteigeschichte zu führen, das war nur mit Liberalen möglich, die mit großem Enthusiasmus, aus innerer Überzeugung heraus und mit einem großen Verantwortungsgefühl für die gemeinsame Sache gehandelt haben. Es war schön zu sehen, dass bei vielen Landtags- und schließlich auch bei den Bundestagswahlen die in dieser Zeit geleistete Aufbauarbeit honoriert wurde: Die politischen Botschaften, seit der Verengung in der vorletzten Legislaturperiode auf das Steuerrecht (das der FDP weiterhin wichtig ist – aber eben nur als eines unter mehreren wichtigen Themen), werden wieder als interessant, als zukunftsorientiert, als bedenkenswert wahrgenommen. Und auf diesem Weg haben wir es zuletzt immer öfter auch wieder über die öffentlichen Wahrnehmungsschwellen der Massenmedien geschafft.

Die Idee der Freiheit an sich ist einfach – aber die Antworten, die man vor diesem Hintergrund gibt, sind so vielfältig wie die sich dauernd ändernden Fragen und Herausforderungen. Gerade die Digitalisierung stellt uns vor Probleme, bietet uns dabei aber auch Chancen, die die Mütter und Väter unseres Grundgesetzes nicht im Entferntesten erahnen konnten – es ist verblüffend, wie gut wir aber auf der Basis des von ihnen formulierten Gesetzes jedoch auch heute noch in der Lage sind, diese Herausforderungen anzunehmen: Wer von Grundrechten der Menschen ausgeht, hat eben immer auch eine Antwort auf neue Fragen. Es ist uns in den letzten sieben Jahrzehnten gelungen, einen immensen Wohlstand zu schaffen, politische Lehren aus einer schrecklichen Vergangenheit so zu ziehen, dass die Form der Freiheit, wie sie in Deutschland heute politisch gelebt wird, zum geachteten Vorbild für viele andere Länder geworden ist. An diesem Erfolg hat die FDP in der Vergangenheit an sehr vielen Stellen verantwortlich und bisweilen unter Einsatz ihrer parlamentarischen Existenz mitgearbeitet.

Die Erfolgsgeschichte unseres Landes hat gezeigt, wie lebenswert, wie aufregend, wie leistungsstark eine Gesellschaft freier Menschen sein kann – und wir Freien Demokraten verbinden einige dieser Menschen, denen der Gedanke der Freiheit besonders wichtig ist, zu einer Partei, die kollektivistischen Gesellschaftsverständnissen, wie sie gerade weltweit wieder Konjunktur, aber durchaus auch in Deutschland noch viele Freunde haben, eine klare Überzeugung entgegensetzen: Bei allen politischen Vorhaben müssen der einzelne Mensch und sein Recht auf freie Entfaltung im Mittelpunkt stehen. Mit diesem Konzept bilden wir den schärfsten Kontrast zu den Populisten unterschiedlichster Couleur und wir können sie besiegen, wie einige Wahlen dieses Jahres gezeigt haben. Der Mensch ist das Maß, das wir anlegen werden, wenn es wieder um die Frage gehen wird, welche Politik wir unterstützen können oder wo wir bessere Ideen erarbeiten und zur Diskussion stellen. An einem Tisch, an dem Liberale Platz nehmen wollen, müssen nicht alle das materiell Gleiche haben – aber alle haben die gleichen Rechte und sollen die gleichen Chancen bekommen, etwas daraus zu machen. An so einem Tisch geht es auch laut her, man hört immer auch wieder etwas, das einem nicht gefällt – aber diskutiert wird mit Achtung auch vor anderen politischen Vorstellungen. Denn nur, wer die Meinung des anderen achtet, gewährt ihm das grundsätzlichste aller Grundrechte: das Recht, über sein Leben selbst zu entscheiden, wie es die Amerikanische Verfassung sehr schön mit dem „pursuit of happiness", dem Recht, nach eigenem Glück zu streben, so treffsicher formuliert hat. Und das ist eben nur möglich, wenn man dem anderen die Freiheit zur Selbstentfaltung zugesteht – und ihn, zum Beispiel mit einer guten, breit angelegten Bildungspolitik, auch in die Lage versetzt, so einen selbstbestimmten Weg einzuschlagen. Und dafür stehen in Deutschland vor allem die Freien Demokraten.

„Der Engländer liebt die Freiheit wie sein rechtmäßiges Weib. Der Franzose wie seine Braut – der Deutsche wie seine alte Großmutter."

So soll Heinrich Heine über die deutsche „Freiheitsliebe" geklagt haben. Wir folgen Heinrich Heine in dieser Einschätzung nicht. Wir sind bereit, uns einzusetzen.
Wir lieben die Freiheit als den Weg zu unserer je eigenen Identität.

Mit freundlicher Genehmigung des ADL (Archiv des Liberalismus),
Audiovisuelles Sammlungsgut. Signatur: P2-180

FÜR EINEN POLITIKER IST ES
GEFÄHRLICH, DIE WAHRHEIT ZU SAGEN.
DIE LEUTE KÖNNTEN SICH DARAN
GEWÖHNEN, DIE WAHRHEIT HÖREN
ZU WOLLEN.

GEORGE BERNARD SHAW

DIE POLITIK IST DAS PARADIES
ZUNGENFERTIGER SCHWÄTZER.

GEORGE BERNARD SHAW

IN DER POLITIK IST ES MANCHMAL WIE
IN DER GRAMMATIK: EIN FEHLER, DEN
ALLE BEGEHEN, WIRD SCHLIESSLICH
ALS REGEL ANERKANNT.

ANDRÉ MALRAUX

IN DER POLITIK IST ES WIE IM
TÄGLICHEN LEBEN: MAN KANN EINE
KRANKHEIT NICHT DADURCH HEILEN,
DASS MAN DAS FIEBERTHERMOMETER
VERSTECKT.

YVES MONTAND

POLITIK IST WIE STEILWANDFAHREN.
MAN MUSS STÄNDIG VOLLGAS GEBEN,
SONST STÜRZT MAN AB.

KLAUS KINKEL

ES IST EIN GRUNDBEDÜRFNIS DER
DEUTSCHEN, BEIM BIERE SCHLECHT
ÜBER DIE REGIERUNG ZU REDEN.

OTTO VON BISMARCK

ES IST DIE AUFGABE DER OPPOSITION,
DIE REGIERUNG ABZUSCHMINKEN,
WÄHREND DIE VORSTELLUNG NOCH
LÄUFT.

JACQUES CHIRAC

DER PREIS DER FREIHEIT IST DIE
WACHSAMKEIT.

THOMAS JEFFERSON ZUGESCHRIEBEN

Autoren:

Till Mansmann, MdB
Bundestagsabgeordneter seit 2017, Vorsitzender FDP Kreisverband
Bergstraße, Diplom-Physiker, Journalist

Roland von Hunnius
Ehrenvorsitzender FDP Kreisverband Bergstraße, 1990–2006 Kreisvorsit-
zender der FDP Bergstraße, 1996–2008 Mitglied des Hessischen Landtags,
Gemeindevertreter in Rimbach, Kreisbeigeordneter Kreis Bergstraße,
Diplom-Volkswirt

Birgit Grüner
Stellvertretende Vorsitzende FDP Kreisverband Bergstraße,
Stadträtin der Stadt Lorsch, FDP Vorsitzende Lorsch, Lehrerin

Frank Sürmann
Mitglied der Kreistagsfraktion Bergstraße, Kreisvorsitzender der
FDP Bergstraße von 2006–2013, Mitglied des Hessischen Landtags von
2009–2014, Rechtsanwalt

*Unser Dank geht an die „Friedrich-Naumann-Stiftung für Freiheit,
Archiv des Liberalismus". Die fachliche Unterstützung, die Bereitstellung
von Plakaten, Handschriften und Büchern, war uns gewiss.
Besonders danken möchten wir dem Leiter des ADL,
Professor Dr. Ewald Grothe und der Archivarin Susanne Ackermann.
Danken möchten wir Jochen Fröhlich für die Gestaltung und die Herstellung
der Schrift.*

www.ingramcontent.com/pod-product-compliance
Lightning Source LLC
Chambersburg PA
CBHW031423250726
48656CB00002B/800